女人！柔弱OUT，狠辣IN

be a bitch

周雅若——著

原書名：女人就是要狠辣

前言

男人喜歡什麼樣的女人？妳依然認為是那些笑不露齒、行不帶風的乖寶寶嗎？那妳的認知就落伍了，溫柔賢淑的女人就像一杯白開水，喝了解渴，卻不過癮，男人戒不掉的永遠是那些顏色魅惑、味道辛辣刺激的酒樣女人。對男人而言，一個知道自己要什麼，高傲並且潑辣的女人，渾身散發著誘惑的氣息，一個佔盡上風的女人，能夠滿足男人天生的戰鬥慾和征服慾。

公司需要什麼樣的女職員？妳認為是那些唯唯諾諾只懂端茶倒水的小職員嗎？那妳又錯了。公司追求的是人力資源與利益的最佳組合，奉行的是「把女人當男人用」，需要的是真正能夠衝鋒陷陣解決業務問題、捍衛公司利益的女超人。一個知道自己能做什麼、知道如何在辦公室裡如魚得水、幹練老辣的女人，才能更得到公司的倚重，在職場上笑得燦爛。

那些從雨巷深處走來的撐著油紙傘、結著淡淡憂愁的丁香般姑娘，已經在歲月裡湮沒了，集萬千寵愛於一身、要風得風要雨得雨的都是些敢說敢想、敢做敢當、有野心有手腕的熱辣辣女人，像火一樣熱情，像花一樣絢麗，像酒一樣回味無窮。狠辣的女人，在現行的社會規範裡才能暢行無阻一路綠燈。

狠辣的女人知道怎樣掌握和改善自己的命運，狠辣的女人知道怎樣清楚的表達自己，狠辣的女人知道怎樣吸引別人的注意，她們不迷茫、不妥協，她們不與男人玩幼稚的猜猜看遊戲，她們不把自己的命運繫在男人身上，她們不在雞毛蒜皮的小事上斤斤計較，她們努力讓自己的生活豐富而有意義。

扔掉柔弱和依賴，拾起勇敢和自我，做個又狠又辣的女人吧！在時光流轉中無往不利、煙視媚行，將世界掌握在妳掌中。

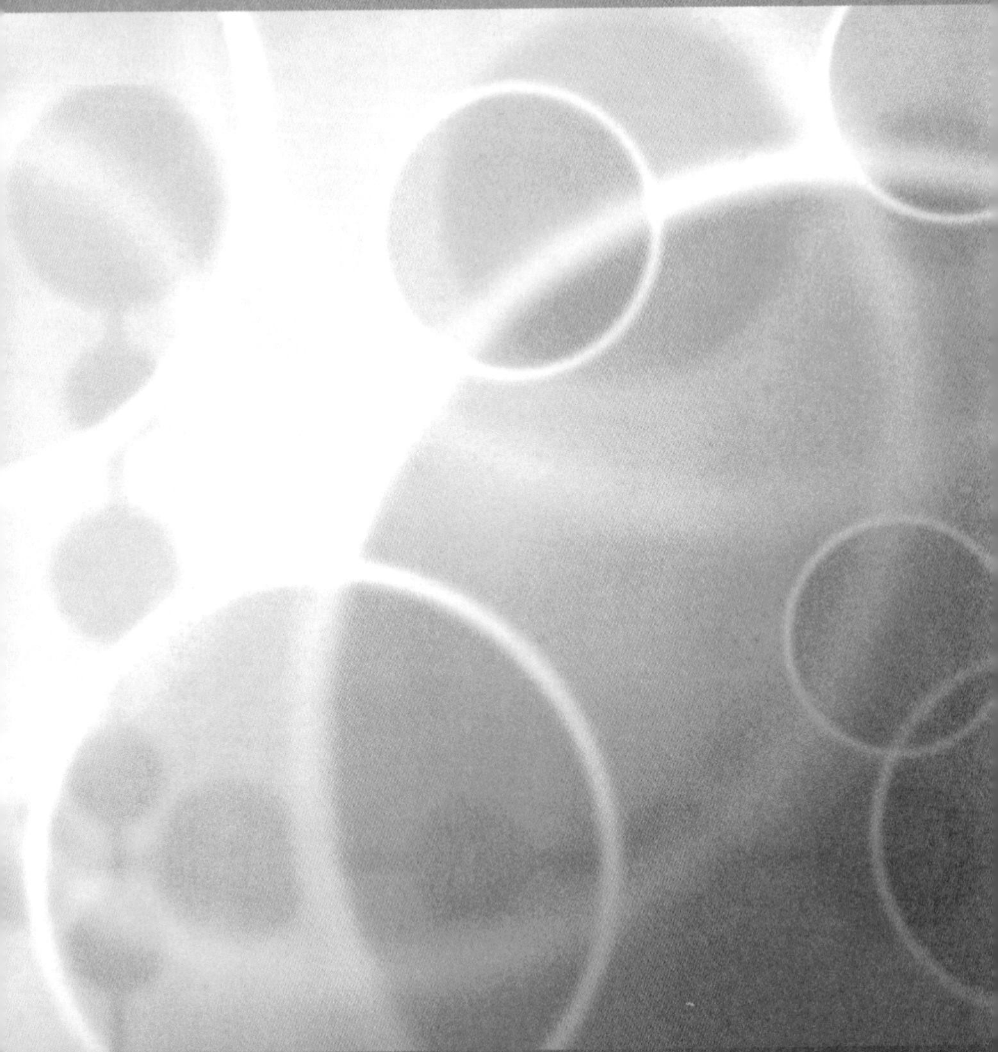

Chapter 1

性格決定命運

大千世界芸芸眾生中，沒有任何兩個人擁有完全相同的人生軌跡，有人春風得意，有人落魄潦倒，有人輕鬆自在，有人愁腸百結，有人一生健康順暢，有人百病纏身、天災人禍……這讓很多人慨嘆命運之不公平。命運，到底是什麼呢？人的命運又是由什麼決定的？

第一節

性格與命運

命運影響性格

萬物存在皆有其一定的規律，命運可以說是人生之規律。人一生的走向會受到很多因素的影響，改變我們人生軌跡的也許是重要的決定或意外，也許是不起眼的遭遇或想法，當時妳或許不知道它會對妳的人生起什麼樣的作用，但若干年以後回頭看時才恍然大悟，眼看著自己的命運在時光裡茫然摸索。出身、地域、學識、性格等等，都會在各個層面影響到妳的人生，而性格又是其中與之關係緊密錯綜複雜的一個因素。性格決定命運，只要做一個小小的推論，妳就會知道這句話是多麼正確：同樣的環境、同樣的學識與能力，兩個性格不同的人，必然會做出不同的選擇，也必然會有不同的人生。先看看下面這個測試吧！

這是一本家中珍藏了很久的相簿，相簿的第一張是嬰兒時的妳躺在母親的懷抱中甜美的睡臉，第二張則是妳在地上爬來爬去的樣子。那麼，妳覺得接下來的第三張會是一張什麼樣的照片呢？

A．妳坐在床上，周圍有各式各樣的絨毛玩具

B．妳在浴缸裡快樂洗澡、玩耍

C．妳站在學步車中到處亂跑，而父母正在餵妳吃飯

D．妳正被母親牽著手，學習走路

選A的人：妳的童年物質匱乏，生活較受壓抑。父母希望妳能夠擁有獨立生活的能力，因此從小就開始鍛鍊妳，並對妳的物質需求進行嚴格的控制，所以基本上妳是在各種規章制度中成長的。長大後的妳，學會了克制自己，不隨便表達情感，過於嚴肅而認真地對待每一個問題，妳絕不放縱自己，任何出軌的行為和思維對妳而言都是不可能的，妳永遠在期望父母和身邊人的滿意。

選擇B的人：幸福快樂的童年。父母給了妳自由發展的空間，使妳保有了率真而好奇的天性。妳喜歡令人愉快的事情，喜歡空想，興趣和愛好十分廣泛，好奇心強。尋求娛樂、飲食上的滿足，有強烈佔有慾，始終懷有一種孩子般的任性和善意。妳對自己的滿意度是相當高的，但內心極度敏感，過於好強，因此很難聽從別人的建議，缺少與他人相容的心理空間。

選擇C的人：被過於呵護導致不夠獨立。父母給了妳充足的愛，但卻對妳太過保護，從不讓妳去自己嘗試和突破。在外人眼中，妳善解人意、不浮誇、樂於聽從他人的意見、體貼身邊的人，因此妳擁有很多的朋友，但實際上他人很難走進妳的內心深處。而且，回到家中的妳會肆無忌憚的發脾氣，表示對父母的抗議。

選擇D的人：傲慢寡言背後的質樸。妳的童年極度缺乏安全感，或者妳的父母太過嚴厲導致妳們無法溝通，或者妳在很小的時候就離開了父母的懷抱，妳從小就學會了看長輩的臉色，順從長輩與上司，妳渴望他們滿意，但又經常忍不住用自負傲慢的言行來表達自己，這讓妳時而渴望張揚個性，時而卻因濃濃的自卑情緒沉默寡言，這些都掩蓋了妳實際上處處為他人著想的真實內心。

從科學角度講，一個人性格的形成基礎是父母的遺傳基因，即使是新生幼兒，在他們對這個世界幾乎沒有任何瞭解的時候，就已經顯示出了不同的性格趨向，有愛哭的、愛笑的，喜靜的、樂鬧的；然後在孩子少年時期，父母的言傳身教、生長環境、生活經歷，都潛移默化的滲入到性格體系中，在此之間，不同性格的人對不同事物會有不同的想法和處理方式、會選擇不同類型的朋友圈、在不同價值觀的驅使下對未來會有不同的憧憬和規劃，而每種為人處事的方法造成的不同結果、結交的性格各異的人群、對環境不同角度的認知，又會影響到一個人的性格形成，這是一個互相影響、互相促進的過程。

中國有句俗語：「三歲看大，七歲看老。」很清楚的說明人在幼年形成的性格體系，是影響人一生的很關鍵、很重要的因素。唐朝的魚玄機，十幾歲時作詩曰：「根老藏魚窟，枝底繫客舟。」而與她齊名的才女薛濤在八、九歲時也曾脫口而出：「枝迎南北鳥，葉送往來風。」這幾句詩幾乎成了她們的讖語，透過青澀鮮活的臉龐，提前做了一生的註解。魚玄機是生動潑辣滿腹才華的，身在道觀仍然豔幟高張過著半娼的生活，而薛濤不僅才情精緻，還發明了薛濤箋，只可惜一輩子詩文酬唱迎來送往竟沒個安穩歸宿，終身未嫁。而古往今來很多在某一領域有出色表現的人物，如果翻開他們的童年，會在他們的成長過程裡發現原來一切都有跡可尋。安徒生小時候家境困難，但他家的牆上掛著許多圖畫，櫥窗上擺著玩具，書架上放滿書籍，他的父親為他講阿拉伯的小故事，或者唸劇本。小安徒生經常為小木偶縫製衣服、自己編木偶戲，這應該就是他以後成為童話作家的鋪墊。愛迪生小時候就對身邊的一切充滿了好奇，什麼都要問為什麼，並試圖實踐證實，他曾經學母雞孵雞蛋，也曾經讓鄰居孩子吃瀉藥，為了看看人肚子裡冒氣後會不會像氣球一樣飛起來；而梵谷在八歲那年就畫了一幅畫：一隻貓在光禿禿的蘋果樹上瘋狂的飛奔。他的藝術感覺在幼年時期就已經如此驚人的表達出來。

但是相對的，也有很多小時候就出類拔萃鶴立雞群的孩子，長大後像仲永一樣「泯然眾人矣」。由此我們可以看出，人的命運受天性的影響，但又不僅僅受限於天性。經歷影響性格，性格影響選擇，不同的選擇又造就不同的經歷，它們複雜的糾纏在一起，貫穿著人的一生，推動著人的命運。

命運裡還有一部分屬於意外，譬如疾病、自然災害，這一部分是人力所不能改變的，對人的影響又很大，在這些事情面前我們最容易對命運產生悲觀的念頭。不能改變的就要學會坦然接受，把它當成是人生必要的磨練，妳需要額外注意的，是透過妳的個人努力可以改變和完善的部分，這才是讓妳的人生盡量照妳的意願去發展的途徑。

如何改變妳的性格

「江山易改，本性難移」，人的性格真的可以改變嗎？答案是肯定的。我們身邊就經常會有這樣的例子，一個謹小慎微的人在鬼門關轉了一圈之後，忽然看透要盡情享受生活了，一個膽怯羞澀的人因為受到某種鼓舞而突然變得開朗自信了，一個逆來順受的人忍到極限終於爆發了……一個人決心要控制住性格裡不好的部分，這絕不是天方夜譚。當然性格不是那麼容易改變的，但也正因其難能，所以才更可貴。以積極的態度去看待「性格決定命運」，妳會發現原來很多東西是可以自己掌握的，原來妳可以推動自己的命運向好的方面發展。

如何才能改變妳的性格呢？中國有句古語：「積思成行，積行成習，積習成性，積性成命。」翻成白話也就是：「思想決定行為，行為決定習慣，習慣決定性格，性格決定命運。」要完善自己的性格，就按照以下步驟走：

1．改變思想，確定目標

既然是要完善，首先得知道自己的長處和短處，才能有的放矢。不要試圖把自己的性格來個180度的大轉變，妳所要做的只是把其中欠缺的部分補上，就好像一個木桶能裝多少水取決於其中最短的那個木條，妳的一生所能達到的高度也取決於妳性格裡最弱的那個部分。如果問一個人：「妳喜歡成功還是失敗？」大家都會選擇成功吧！雖然我們都知道成功是要以失敗做為舖墊的。成功的人之所以成功在於他們能夠在失敗裡總結經驗教訓，知道自己哪裡不足，知道以後要避免哪些錯誤，知道以後要往什麼方向努力。而失敗的人呢？他們會沉浸在失敗的痛苦裡，灰心喪氣，甚至怨天尤人，他們不會去想這個失敗的結果有多大的因素是自己造成的、以後遇到類似的事情應該怎麼做，他們只是嗟嘆著說：「我運氣不夠好，離成功只差一小步！」

知道了這個差別，就讓我們來總結一下應該做的事情：

1、每件事情做完，不論滿意與否，總結出過程中有哪些成功處、哪些敗筆。

2、對於成功處，是偶然還是自己早有準備？如果是偶然，妳從中有哪些得益之處？

3、對於敗筆，是什麼原因造成的？怎樣做才可以避免？

2．落實到行動上

任何思想，如果最後沒能落實到行動上，那就等於是空想，當然，如果妳是想當個「思想家」的話例外。思考，活動一下腦細胞的事，很多人都能做到，但要真正表現在行為上，就不是任何人都可以做到的了，所以這個世界才會有很多思想的巨人、行動的矮子。妳有沒有過這樣的經歷？一件事情，妳心裡清楚明白的知道應該採取行動A，但是行動B是符合妳一貫的行為方式的，妳因為懼怕、恐慌、羞澀或者其他的某某原因還是一如既往的選擇了行動B，那麼到此為止，妳所試圖改變的努力就階段性失敗了，妳之前的思想就順利淪落為空想了。就好像一個羞澀的小女孩希望讓自己大方開朗一點，於是她想：家裡有客人來時我一定要主動出去打招呼、老師提問時我一定要積極回答、這次文藝表演我一定要報名參加……等真的事到臨頭了：她猶豫著不敢打開自己的門、老師提問她一緊張又腦子空白、文藝演出她覺得高手如雲肯定輪不到自己……就這樣，妳還是那個羞澀的小女孩，永遠邁不出第一步。

1、有點大無畏精神和阿Q精神。認真的問一下自己，妳懼怕改變是否是因為害怕別人的眼光和看法呢？妳怕別人發現妳對自己的不滿意，妳怕別人嘲笑妳的改變。這時候來一點大無畏精神和阿Q精神是非常必要的，學會勇敢，學會自嘲。而且妳要知道，別人其實並不像妳以為的那麼關注妳，每個人最關心的都是自己，至於別人的事情，看過笑過也就算了，沒人會放在心上，不要讓別人的看法成為妳的負擔。砍頭才不過碗口大的疤，來個深呼吸，心一橫、眼一閉，第一關闖過了以後就好說了。

2、多給自己創造機會。實踐出真知，多行動才能知道之前自己頭腦裡想的那些東西到底對不對、合不合適，才能知道妳給自己設定的完善計畫可行性和可操作性到底怎麼樣。如果妳想讓自己由木訥變得能言善道，就得讓嘴巴多說、多與人交流，只打腹稿是不行的；如果妳想讓自己更潑辣幹練，就得多給自己攬點事情做，躺在沙發上是不可能變八面玲瓏的。

3．把行動堅持成習慣

什麼是習慣？習慣是「由於重複和多次練習而鞏固下來的並變成需要的行動方式」。它首先是一種行為，而且是穩定的，甚至自動化的行為。法國自然學家法布林曾經做過一個實驗，把一群毛毛蟲引到一個花盆的邊緣並讓第一隻和最後一隻相接，成為一個完整的圓圈，於是這些毛毛蟲就開始了繞圈運動，以不變的速度爬行了七天七夜。這完全是一種習慣性的盲從，而從中我們也可以看出習慣所具有的強大的力量。我們所要做的，就是把對人生有益的思想和行動堅持重複成一種習慣，讓這種好的習慣去取代不好的部分。

1、一定要堅持。一次、兩次是偶然、是刻意，只有一種行為方式被固定下來才叫習慣，就像我們洗臉、刷牙一樣。人都有惰性，這就讓堅持成了一件不太容易的事情。堅持要有強大的信念做後盾，同時也可以配合一些小技巧，譬如像小時候給自己訂作息時間表一樣，把要注意的、需要改進的地方寫下來放在容易看到的地方或者隨身攜帶，時刻提醒自己。

2、肯定自己。改變的過程不可能是一帆風順的，這中間可能會遇到挫折和困難，所以不斷的給自己加油、找出自己的進步、肯定自己的改變是很重要的。

3、榜樣的力量。妳想成為什麼樣的人？在自己身邊找一個模範生當榜樣，一是可以借鏡她為人處世的態度和做法，二是隨時可以用她的成功來刺激妳。懈怠懶惰的時候，心裡想著：再堅持一下，我也可以做到像她那麼驕傲的。

4．不斷修正習慣和性格

任何一個計畫都不可能是完美的，完善自己性格的計畫也是。在實際執行過程中，妳也許會發現事實與想像有了一定的偏差，想要的結果和實際得到的效果還不太相同，有時候會有些意外收穫和更好的想法，有時候做得不夠，有時候又有些過火……沒關係，這些都是正常的，只要妳能確定大方向是正確的，中間這些細微末節就一點一點去糾正吧！活到老學到老，性格的完善也是一輩子的事情。

添狠加辣，塑造強悍性格

那麼，到底要塑造什麼樣的性格，才能使我們更接近成功和幸福呢？懦弱自私？聽起來就不是個好建議。淡然超脫？除非妳是想大隱隱於市，否則得不到什麼實質的好處。溫柔和善？乍看之下不錯，可是溫柔和善的人總是在退讓中過日子，好的工作機會、好的升職機會，乃至好男人都被別人搶走了，妳不心急嗎？我們要善良正直，沒錯；我們要敬老慈幼，沒錯；我們要溫柔寬厚有女人味，這也沒錯，可是，關鍵時候起作用的不是這些，而是妳能不能狠得起來、辣得起來，能不能勇敢的追逐自己的夢想，能不能堅定的捍衛自己的利益，能不能真正掌握自己的幸福。狠和辣，是女人性格裡必不可少的因素，是女人完備自己的一堂必修課。

1．多為自己考慮

多為自己考慮並不算是自私，即使妳會說它是自私這也沒什麼好遮掩的，畢竟人不為己天誅地滅。舉凡活得精彩的女人，不管是有成功的事業還是有幸福的家庭，首要的一點是她肯定是個對生活充滿熱情的女人，她對於想要得到的東西有著巨大的熱忱，這種熱忱推動著她前進，途中也許會漠視了其他人的感受，途中也許會爭搶了別人的資源，途中也許會損害一些別人的利益，可是又有什麼關係呢？結局是她得到了她想要的幸福。這個世界很多人都是只看結果不看過程的，如果最後不能有個理想的結局，過程再美好又有什麼意義？況且無論妳再怎麼小心翼翼、再怎麼委屈求全，也是不可能讓所有人都滿意，只要有人說妳好，也就會有人在角落裡流傳妳的壞，倒不如乾脆點先讓自己滿意。

2．勇敢亮出自己

競爭充斥在我們每一天的生活中，充斥在生活的每一個方面，不論是學業還是就業，不論是工作還是感情，好的資源永遠是供不應求炙手可熱，把自己推向社會、推向人際的過程就像是一場慘烈的大推銷，妳只有把自己成功的亮出來，才能吸引別人的注意，才能得到發展的機會。酒香也怕巷子深，如果內向得不敢主動與人交往，如果柔弱得不敢展示自己的長處，如果膽小得只能躲在別人的身後，那麼，妳憑什麼得到妳想要的一切？

3．說出自己的需求

以前大家都很推崇行動派，老師和長輩也教導我們要做行動的巨人，而不是只說不做的表面派。可是現在不一樣了，只知道埋頭苦幹的人就顯得有點傻了，感情上妳默默付出，但對方不見得能體會和領情，工作上妳默默無聞，也就只能做一塊辛苦的墊腳石。所以最聰明的是那種既能幹又能說的人，自己做過的事情、自己的心意和付出，要讓對方知道，自己希望得到的回饋，自己的需求也要讓別人知道，這才能形成更好、更積極的互動。

4．狠一點才能更理智

女人最大的弱點是什麼？是太感性，所以很多事情發生的時候，女人不會像男人那樣去思考「應該」怎麼做，而是思考「想要」怎麼做，所以女人的思維定勢使她更關注怎麼樣可以讓自己的情感有比較好的宣洩，而不是怎樣做才是最正確的、能夠將損失最小化，將利益最大化的。而狠女人呢？她們往往具備了類似男人的理性思維，她可以更冷靜、更理智，有更周密的計畫、更細緻的安排，同時也更懂得以小搏大，犧牲小的利益和付出，去爭取大的目標和收穫。她們不會像大部分女人一樣，困擾在人情和瑣事裡，什麼都放不下，什麼都拿不起，到最後丟了西瓜也保不住芝麻。

5．辣一點才能更灑脫

人是為什麼而活？為金錢？為榮譽？為地位？為得到別人的認可？這些因素都有，但還缺了最重要的一點，那就是為自己而活。有一個大家都耳熟能詳的小故事：馬其頓國王亞歷山大特地去拜訪哲學家第歐根尼，這位哲學家放棄了自己所能繼承的大筆財產，只棲身於一個大木桶中，看到乞丐般的第歐根尼，國王問他：「有什麼需要我幫助的嗎？」這驕傲的哲學家看了看國王，說：「有，麻煩挪開一步，不要擋住我的陽光。」這個故事其實可以告訴我們，人這一輩子，並不只是為了別人眼中的形象而活，更是為了自己的快樂自尊而活，即使妳在別人眼裡獲得了很大的成就和財富，如果自己過的不快樂，那人生還是有缺憾的，因為妳不能充分享受自己的生活。性情爽朗的人更容易面對自己的真心，更習慣於站在自己的立場上看問題，更清楚自己應該爭取什麼、放棄什麼，所以不會為無所謂的得到而驚喜失態忘記初衷，也不會被無所謂的失去而痛不欲生瞻前顧後。辣一點，讓妳更輕鬆灑脫。

離婚的時候，文卉大大的鬆了一口氣，彷彿終於打完了一場硬仗，有種虛脫的快感，甚至看著前夫瞪過來的狠毒目光，都覺得他那麼可笑。

文卉和李偉是大學同學，大家都說文卉當初是太迷糊、太單純了，才會被條件不怎麼樣的李偉追上。李偉家在農村，經濟狀況也不好，兩人結婚的時候是文卉父母幫他們買了房子，包辦了一切的家當。文卉是那種很傳統、很顧家的女人，結了婚就一心想做個好老婆，為人隨和又寬容，照道理講兩個人的結合應該還是比較穩固的，但是文卉沒有看透李偉的野心，他一開始接近文卉就不只是單純的喜歡，而是想利用文卉在這個城市站住腳，可是當文卉知道這些的時候，已經晚了。

有一次，公司要為員工加一個家庭保險，需要兩人的身分證，文卉外出的時候就順便去李偉的公司拿。這是文卉第一次到李偉公司，公司人的反應有點奇怪，衝著李偉說：「呦，哪兒又騙來一個大美女啊！小心別讓小萌看見吃醋！」李偉臉上一陣尷尬，拉著文卉就到了走廊上。文卉當時有點奇怪，但平時人就比較粗線條，又急著拿身分證回公司，就沒來得及細想，也沒問什麼。等安穩下來才漸漸想明白，李偉公司的人好像不知道他已經結婚了，而且她就是他的太太，彷彿那個叫小萌的跟李偉有什麼曖昧。

女人的直覺往往是很敏銳的，文卉偷偷查了李偉的通話紀錄，又悄悄跟了幾次蹤，事情就已經很清楚了。自己的老公以單身的身分還在談著辦公室戀情，經過四處打探又知道那個小萌是一個高官的女兒，再聯想到當初結婚是李偉曾經提議屋主要寫兩個人的名字，文卉就像一下子掉進了冰窖，這才知道原來這一兩年自己面對的一直是一個虛假的丈夫，李偉當初是拿自己做了跳板，而現在，他又找到了更好的目標。好在文卉平時雖然溫和、迷糊，但人還是比較堅強有想法，哭完之後冷靜下來，事情也就慢慢理順了。她的第一個反應就是離婚，但現在離婚對自己顯然是不利的，文卉不愛操心，所以婚後家裡的收支一直都是李偉在管，她連夫妻共同財產有多少都不清楚，那當下要做的，一是想辦法轉移財產，二就是搜集法律上認定有效的出軌證據。

女人一旦清醒，決定狠心的時候，就會爆發出驚人的勇氣和能量。正好文卉有個靠得住的好朋友是經商的，文卉就把大概意思跟朋友商量了一下，兩人設了個圈套，讓朋友去遊說李偉說有個很好的投資機會利潤豐厚。李偉動心了，壓根沒想到會是個陷阱，覺得對方也是可靠的人，就把存摺拿出來交給文卉打理。可能是因為與小萌那裡的發展也正火熱，滿腦子就算計著如何更上一層樓，並沒有太關注投資的細節問題。就這樣，大部分的帳面財產就掌握到了文卉手裡，為了避免爭執和麻煩，文卉還把房子悄悄轉移到了自己母親的名下。

等李偉終於發現一切不太正常的時候，文卉已經做好了充分的準備。面對氣急敗壞的李偉，文卉冷靜地拋出了他出軌的證據，說：「如果你想把事情鬧大進法院，那你就儘管鬧，讓你那親愛的小萌和同事都知道你的真面目。你以為小萌知道了這些還會和你在一起嗎？你知道什麼叫雞飛蛋打吧！這就是你利用我、欺騙我、背叛我們婚姻的代價！」看到文卉拋出來的東西，李偉什麼話也不說了，乖乖的簽了離婚協議，淨身出戶。

第二節 給自己定位

知己知彼方能百戰百勝，要有良好的開端和發展，就必須對自己先有個清楚的認識，不同的人適合不同的工作、不同的人適合不同的伴侶、不同的人過不同的生活；總有人活在土裡，也總有人活在天上，總有人停留在一個地方，也總有人停不了的漂泊。發揮自己的優勢、控制自己的弱點、彌補自己的缺陷，這樣才能胸有成竹無往而不利。所以，先來瞭解一下自己吧！

妳的性格裡，是柔弱的成分多還是狠辣的成分多？妳在人際交往裡，是偏重主動型還是被動型？妳對於自己的既得利益和幸福，是會努力爭取還是無奈的放棄？從以下的測試中，可以一窺端倪。

妳是火爆的小辣椒嗎？

1、妳終於等到了自己心儀的男生約妳參加一個重要的派對，妳希望能和他度過一個浪漫的夜晚，就在他按門鈴的一剎那，一個巨大的黑色漩渦將妳拉了進去，而當妳被摔得七葷八素時，一個人出現在妳面前，妳認為會是：

A．白白胖胖的小孩，正傻傻的看著妳，臉上帶著憨憨的笑

B．一位長相嚴肅的中年婦女，一臉嚴肅的看著妳，一看就知道不會說什麼好話

C．飛在空中的小精靈，胡亂得在妳眼前飛舞不肯停下來

D．一個長得有點奇怪的小矮人，聲音尖尖的很刺耳

2、總算妳冷靜了下來，妳得到了一個令妳差點暈過去的消息，妳被選中做這個世界的守護者，不管妳願不願意，妳必須為了這個世界戰鬥，現在妳需要選一件適合的兵器，妳會選擇：

A．古樸的金色長劍

B．一套白色羽毛弓箭

C．一根黑色魔棒

D．一把典雅的銀色豎琴

3、選好了兵器不代表可以立即戰鬥，妳還要進行一系列的訓練，為了讓妳更能勝任守

護的任務，他們為妳請了導師。導師具有強大的力量，但因為某種原因無法戰鬥，但他們願意將本領傳授給妳。妳認為什麼樣的導師能幫助妳以後的坎坷旅途，讓妳成為強大的守護者呢？

A．精靈女皇，有點嚴肅但很溫柔

B．略比妳年長一點的蒙面女巫

C．帥氣森林之王

D．和藹的白鬍子老頭，擁有強大的魔力

4、在一番努力之後，妳帶領夥伴經過重重阻礙，終於迎來了最大的危機，妳覺得危機會是：

A．妳突然發現以前做的都是錯的，妳不是守護者而是破壞者

B．妳最愛的人忽然變成妳的敵人，妳必須殺了他才能結束這一切

C．妳最好的朋友突然叛變，把妳陷入危險的境地

D．數以萬計的敵方軍隊，一人一口口水就能淹死妳們

5、做為守護者，妳成功破壞了敵人的一切防護，並抓住敵人的最大首領，但地方首領

不但不服反而惡言相向，什麼難聽話都說出來了，這時妳會：

A．壓根懶得理他，成王敗寇

B．不客氣的反唇相譏

C．一番正義凜然的言辭讓他愧疚

D．說話直指他的痛處，順便給他幾巴掌，再踹他幾腳

解析：

1、A．妳是香香甜甜的小蘋果。實在是太善良了的妳，任何時候都是生活在童話裡面，即使在遇到了這樣離奇的事情，在妳的腦子裡仍然存有最善良的願望，一個毫無傷害力的對象。一個滿臉笑容的小孩子，代表了妳對這段旅途的期許，浪漫甜美，就跟妳的氣質一樣，甜甜的可愛氣質，讓人一見妳就想咬上一口。只不過……要記住哦，世界總不會永遠是這麼美好的！

B．妳是圓圓的甜辣椒。比起尖尖的小辣椒，妳比她們要大意一些，因為妳始終是樂觀的，妳不會一下子就想到危險，但是妳還是會有點警惕的感覺。不過幸好固有的樂觀能讓妳散發出與小辣椒類似卻略有不同的感覺來，同樣是這麼耀眼的感覺。

C．妳是橢圓的芒果。充滿行動力的妳，不會想要警惕，也不會想用言語來解決問題，對妳而言，最好的解決辦法就是直接用行動來解決一切，這樣的妳跟小辣椒實在是差別太大了，不過要記住哦，芒果吃太多也會上火的哦！

D．妳是尖尖的小辣椒。小辣椒一向是以獨立和語鋒聞名的，她時刻保持著警惕性，而且該出口時從來不吝嗇。於是一個必要的場景就出現了，一個長的奇怪的小矮人代表了妳無論任何時候都保持警惕的心理，再加上讓妳聽了就覺得刺耳的聲音，於是妳絕對會發揮妳小辣椒的特色，堅決不會對對方留情了。

2、A．黃色甜椒。甜甜的味道是最受大眾歡迎的，畢竟大多數人是怕辣一族哦！雖然有的時候說話太直，劈哩啪啦的一大串，可是所有人都知道，甜甜的妳是直爽和迷糊而不是壞心腸。所以妳是小辣椒品種中最受歡迎的那一種哦！

B．青色燈籠形辣椒。純純的青色，一看就讓人擁有無比的食慾，甚至是不忍心吃它。就如同妳一樣，總是站的遠遠的，讓人看不大清楚，似乎沒有那麼辣，但偶爾卻辣得讓人掉眼淚。所以說了，妳是所有小辣椒中看起來最常見卻最容易讓人出乎意料的那一種哦！

C．紅色尖椒。魔法是攻擊力最為強悍的那一種，只是要離的遠遠的才有發揮的機會。可能性格冷冷的妳，不是那麼容易讓人接近，但是一旦惹到妳了，那對方就只有落荒而逃的分了。所以不用說了，妳是所有小辣椒中最麻辣的那一個哦！

D．玫瑰辣椒。西班牙的玫瑰辣椒最出名的香氣襲人，光聞到就讓人垂涎不已了，就如同妳一樣，擁有玫瑰的香氣，舉止高貴典雅，即使罵人的話從妳嘴裡出來都半點不帶髒字的！是小辣椒品種中最高級的那一種哦！

3、A．妳是一個自我保護意識很強的小辣椒。尤其是對異性，所以才會麻辣的對待異性來保護自己。因此也會選擇有點嚴肅的女性來指引自己。不過總是牢牢的把自己包裹起來，然後突然的發作麻辣天性，別說別人受不了，自己也會經不起折騰的哦！

B．妳是最給人意外驚喜的小辣椒。妳沒有以上那些辣椒這麼麻辣，而且妳的辣總給人一種神祕的感覺，就好像原本不會被辣一下，卻偏偏被辣的眼淚都出來了，真是給人意外多多！不過妳卻是最獨立的小辣椒，這個可是最難得的優點哦！

C．妳是天性浪漫的小辣椒。麻辣根本不是妳的天性，一旦妳遇到合適的對象，所有的麻辣就會拋諸腦後，這樣的妳……還能算得上是小辣椒嗎？其實值得懷疑……

D．妳是缺乏安全感的小辣椒，雖然妳看起來可能總是樂呵呵的，一天到晚都很有活力，但其實妳在內心深處最缺乏的就是安全感，因此妳對別人不大信任，寧願用麻辣的一面來掩蓋自己內心的軟弱。不過沒關係哦！因為妳的安全感總是會出現的！

4、A．做為一個小辣椒，很不幸的是，妳最好的朋友和最大的敵人都是妳自己，妳最害怕的是自己角色的轉變，不過這也代表了一旦妳認定了，任何人都會對妳的麻辣落荒而逃，所以不得不說，妳確實是一位小辣椒中的小辣椒。

B．所有小辣椒中，妳是最容易把自己陷入痛苦的那一個，因為一旦遭遇愛情，妳就根本無法選擇，所以妳最害怕遇到這樣的情況，特別是一旦遇到妳愛的人，妳的麻辣將會完全不在，所以一旦遇到喜歡的人，就別嘴硬的麻辣到底哦！

C．身為小辣椒的妳，其實對自己身邊的人是最關心的，雖然妳夠辣，但是只要是朋友相求，妳嘴裡再辣也是乖乖的幫忙，這樣的妳最怕的就是朋友背叛妳了，既然這樣偶爾不妨也收起麻辣，將自己內心真實的想法告訴他們，這樣才是最正確的選擇哦！

D．別看妳平常對人、對事都挺麻辣的，但是想不到妳最害怕的就是圍攻戰術，只要人一多妳就混亂了。別說麻辣了，根本就昏了頭不知道該對付誰才好。所以要記住，一旦身邊有圍攻妳的傾向的時候，記得千萬要跑遠點哦！

5、A．辣椒指數25%，雖然妳偶爾也會成為一個小辣椒，傳出了小辣椒的名聲，但是實際上妳只是偶爾為之而已，妳的內心始終是懶懶的，那股麻辣的勁頭很難才會體現出來，於是所有的小辣椒中，其實妳是最不稱職的一個哦！

B．辣椒指數75%，話語尖刻不認輸一向是小辣椒必不可少的特色，不過光是反唇相譏還沒有達到小辣椒最高程度哦，因為對方隨時會反打一槍讓妳說不出話來哦！

C．辣椒指數50%，雖然說同樣是用語言來震嚇對方，但是對於落到這個境地的人來說，這種攻勢似乎顯得微弱了一點點。妳的內心始終是大器的，所以妳的小辣椒指數只有50%。

D．辣椒指數100%，已經輸給妳了，順便還挖人家的痛楚到最深處，最後還動手，實在不可謂不辣，雖然對方是咎由自取，不過恐怕妳的舉動已經是嚇壞了周圍所有的人了，要記得妳是女生哦，辣歸辣還是要保持風度的哦！

妳是什麼類型的女人？

人的性格有很多種，有正面的活潑、開朗、穩重、豁達，也有負面的軟弱、陰鬱、自負、狹隘。人的生活目的也各不相同，有人一心只拼事業，有人只想守住溫馨的家，有人自由自在浪跡天涯，有人不擇手段爭奪利益，也有人熱心公益扶老攜幼……我們每個人都是多種特質的複合體，只是有些特質表現的比較明顯，而有些特質潛伏在內心有可能妳自己都沒有注意到：

◎單從行事風格上看，女人可以分為柔弱禮讓型和狠辣強勢型。

柔弱禮讓型的女人多數是屬於標準的傳統好女人，信守「吃虧就是佔便宜」、「退一步海闊天空」、「溫良恭儉讓」，她們的幸福感多建立在親人、朋友甚至陌生人的需要之上，她們對於自己的生活沒有太大太明確的目標，只要周圍的人感覺舒適就好，她們對於自己也沒有很明確的認知和要求，更加在乎其他人對自己的看法和評價。為了成全別人而犧牲自己的利益和快樂，是這類女人經常做的事情，並且引以為傲，認為自己很高尚、很偉大，即使對方不領情，她們也有辦法讓自己沉浸在自我安慰的氛圍裡。這種女人活得混沌，不敢或者根本想不到有些東西應該是自己去爭取的，她們不為自己想要的生活做出努力就已經放棄了，隨波逐流隨遇而安。她們有時候會抱怨，但抱怨完了還是該忍的忍、該讓的讓，然後再埋怨為什麼自己比別人做的多、做的好，但就是得不到成功、幸福和想要的生活；而有一些連抱怨都忘記了，一輩子柔和軟弱的活著，並且自得其樂，認為自己的退讓讓身邊的人都得到了幸福和圓滿。

狠辣強勢型的女人則不管什麼「女人無才便是德」、「三從四德」，往大裡說，她們對自己的人生有著比較明確的目標和規劃，往小裡說，她們遇到任何事情都會設定自己想達到的高度和底限，她們更加理性和睿智。為了得到自己想要的，她們不惜拿出渾身解數，偶爾侵害別人的利益也在所不惜，事後再從其他地方給點補償就可以了。這種女人活的積極主動、開朗大器，也許會讓身邊的人感覺有稍微的壓迫感，但又不得不屈服於她們強大的欲望和熱情之下。而且她們對待生活不屈不撓的態度，有時候真的是讓人敬佩。

◎從家庭和事業的側重點來分，女人可以分為事業型、家庭型、普通型和全能型。

事業型的女人從小就必然是個爭強好勝的孩子，而且多半小時候就已經對某一學科或者職業產生濃厚的興趣。等她慢慢長大，她的目標會越來越明晰，也開始朝這個方向努力，甚至會為此犧牲掉假期、美食，甚至犧牲掉談戀愛的時間。在她眼裡，沒有什麼是比事業更重要的，一想到自己有機會成為某一行業某一領域的翹楚就渾身激動得發抖，而這個念頭也會刺激她更加拼命的投入，她喜歡忙碌的感覺，她甚至很享受被人稱作「工作狂」，她從事業中得到滿足和快樂。這種女人的特點是：自信、堅毅、犀利，具有很強的行動力和洞察力。

家庭型女人並不是指那種幾十年前沒有機會、沒有權利選擇工作而只能在家相夫教子的群體，而是主動在家庭與事業之間選擇家庭，認為家庭更能讓她盡情發揮、更能實現她人生理想和價值的一種女人。她小時候的理想可能很模糊，喜歡漂亮的洋娃娃和毛絨玩具，喜歡玩扮家家酒，她不清楚自己在學校裡學到的知識以後到底可以派上什麼用場，她考大學的時候也沒有特別的喜好和要求，只是做好自己的本分順其自然，不太會刻意去爭取什麼東西。她覺得女人就應該有女人的樣子，她熱衷於女紅、烹飪、園藝，當有一個合適的男人站在她面前時，她恍然大悟原來這個男人就是她最大的理想，她渴望與他組建家庭，為他洗衣服、收拾房間、生孩子都覺得幸福。而且她也有足夠的智慧和手段經營好兩個人的感情和家庭，讓家永遠整潔、優雅、溫馨。這類女人通常都比較溫婉、柔情、平和，具有天生的親和力。

普通型女人，顧名思義就是佔有最大比例的平平凡凡的女人，她們工作但是並沒有什麼大的野心和成就，她們進入家庭，但是有可能不擅長家事，有可能維繫不好家庭關係，有可能被瑣事困擾得焦頭爛額。她們小時候有過輝煌的理想，但是沒有足夠的學識或能力或者毅力去實現，她們對愛情也有過最美麗的想像，但是現實又不允許她做全職太太，或者她自己放不下工作，不願意放下外面的世界一頭埋進家庭裡，就這樣兩者兼顧，痛苦並快樂著。

全能型女人，是女人裡面比較少見的能把家庭和事業都把玩的得心應手的一類。她有超然的氣度、不俗的眼光、非凡的智慧、巧妙的手段，她嫻熟的扮演著工作人和家庭人兩種角色，轉換自如樂在其中。這種女人的成功，絕對不只是上天的眷顧，她比其他人更明白自己想要的，能一眼看透自己的生活，她們比其他人付出更多的努力和心神在生活中，她們不放過工作和生活任何一面的快樂。

◎從性格的冷暖傾向上看，用春、夏、秋、冬四季來形容女人也是非常貼切。

春天象徵著新生和萌發的力量，清新並且充滿希望。有那麼一種女人總會讓人產生如沐春風的感覺，那就是春季女人。她們也許不夠豔麗，但是生機動人，尤其是眼睛如一汪春水，仔細觀察還會帶一種孩童的純真。眼睛是靈魂之窗，她們和煦、溫暖，就連身上的尖刺都會讓人心生憐惜。她們敏感，容易受傷但是也容易原諒和復原，因為在她們的眼裡，生活總是充滿了新奇和驚喜，她們對生活總是抱著探究和熱切的心態。春季女人在工作和感情上並不執著，那種因愛生恨、生怨、自殘甚至自殺的事情，她們是做不出來的。遇到挫折和打擊她們不是不傷心失望，但是總可以生出新的希望出來。屬於春天的女人喜歡明快的顏色，喜歡各種漂亮可愛的飾品，喜歡隨便唸兩句詩哼兩首歌，輕鬆浪漫。

夏天熱情而濃烈，夏季女人也是如此，爽辣大方敢愛敢恨。她們的性格裡有中性的成分，通常有為數不少的男性朋友，跟他們一起大塊吃肉大口喝酒，跟他們一起蔑視規則拋開束縛。她們講義氣，可以為朋友兩肋插刀；她們對人也比較直接，喜歡就是喜歡，厭惡就是厭惡，很少會刻意的遮掩；她們對工作有熱情，只要高興，加班熬夜也不是多麼痛苦的事情。這樣的女人對感情勇於付出，很執著，願意為對方放棄一些現實的東西，但如果最後發現所有的付出都不值得，痛苦之後會變得很絕然，快刀斬亂麻給彼此一個痛快，是辣字輩的頭一號；對於興趣與愛好她們也會投入大量的精力和財力，甚至千方百計把愛好變成主業。她們並不是對什麼都充滿感情，但一旦喜歡上了就幾乎是驚天動地的，背著吉他四處流浪和為愛走天涯這種瘋狂的事情，也只有她們幹得出來。夏季女人喜歡亮晶晶和誇張的首飾，就像她們的人一樣，有一點奔放有一點張揚。

秋天是收穫的季節，也是傷感和淒涼的季節，秋季女人的性格裡同樣也有著這樣的特質。她們有一種成熟的美和淡然，充滿韻味，風姿綽約。敏感讓她們的心靈變得飽滿，有靜靜的喜悅，也有淡淡的哀愁，一片飄零的樹葉、一個擦肩而過的身影、一首動聽的歌曲，都會讓她們心有所動，萌生出無數的情感。同時她們又是溫婉寬厚的，懂得聆聽，懂得進退，懂得撫慰。她們喜歡那些濃重又柔和的顏色，土地一樣的卡其色，稻穀一樣的橙黃色，茄子一樣的煙紫色，深海一樣的靛藍色，不搶眼，但值得細細品味。她們的外表是文靜的，內心卻有一條永遠流淌的小溪，經過不同的風景，留下不同的印跡。

冬季女人一聽就讓人眼前浮現冷傲的形象，像《納尼亞》裡的冰雪女王。她們通常有著白皙或者蒼白的皮膚，一絲不亂的頭髮，講話、做事不拖泥帶水。她們自律，永遠會整潔、鎮定的出現在別人面前；她們堅強，從不讓別人看出她的猶豫和軟弱；她們游離，總會讓人覺得遙不可及，即使是微笑也帶著一點疏離的味道。她們志行高遠不隨波逐流，堅持自己的信念。但是冰其實是水的另一種形態，易碎易融化，不過即使她傷得很重很痛，她也有能耐硬撐著。被他人看到自己的軟弱，對冬季女人而言是件難堪羞赧、沒面子的事情。她們喜歡黑、白這樣的純色、淨色，妳不會看到一個冬季女人打扮成粉色的洋娃娃出現。偶爾她們也玩撞色，但冰冷的眼神會告訴妳，誇張的顏色衝擊下其實還是個嚴謹高傲的女人。

其實，哪種女人都各有其獨特的魅力，不論是外冷內熱還是熱情洋溢，每個女人都應該知道，自己內心所堅守的信仰是什麼，一旦有人越過這個底線，那就得毫不退讓、爭取到底，該狠時必須狠。

◎不同性格類型的女人應該在不同的職業道路上發展，揚長避短永遠是成功捷徑。

柔弱型女人——

女人性格一柔弱就必然沒什麼偉大的理想和抱負了，就算心裡悄悄有了想法，也不敢說出來、不敢做出來。該爭取的利益不敢爭取，該維護的權利不敢維護，受了委屈都不敢理直氣壯的出來喊冤。這種柔弱型的女人如果要工作，千萬不要找壓力大、競爭大的行業，不然可能很快被淘汰。適合她們的工作有：櫃檯、文秘、助理等不需要自己開拓業務的工作，或者手工、小學教師（中學不行，經常有柔弱的老師鬥不過頑劣的學生）、校對、排版印刷等不需要直接與人競爭的工作。當然，如果妳想盡快改變軟弱性格，那麼從挑選工作開始也是個不錯的主意。

曦曦是個信佛的女孩子，生性柔弱內向，屬於那種可以坐一整天都安靜不說話的人，但正是因為這種性格，她的工作和戀愛都受到了一定的影響。後來她下定決心要改變自己，從哪裡入手呢？從工作。她辭了原本的文職，找了一份銷售的工作。這樣的工作大家都知道需要不停的與人交流、與同行競爭，剛開始的時候她真的快要把自己逼瘋了，但是沒有辦法，不去見客戶、不去推銷、不去研究客戶需求她就拿不到訂單，拿不到訂單她在公司就沒辦法立足，如果就這樣放棄又覺得不甘心，於是就逼著自己去見固定數量客戶，提前把該講的話、該提的條件統統列出來背熟，客戶態度不好也假裝看不到，一次談不下來去兩次，兩次談不下來去三次，最後業績終於趕上了，自己性格也開朗一點了，會主動跟人說話探討感興趣的話題，被人拒絕，笑一下就過去，也不會難堪很久，遇到挫折也學會了總結、規劃而不是逃避。

張揚型女人——

有種女人是生來就要活躍在眾人的目光下的，她們喜歡被眾星拱月的感覺，她們喜歡時刻被人關注，她們享受那種瞬間綻放的感覺。這種女人一般都有著不錯的外在條件或很奪目的與眾不同處，她們比較適合投身演藝界，做歌星、演員或模特兒，讓世人都看見她們的美和光華，才能讓她們的心得到滿足。當然，為了臺前的絢爛，她們也願意在臺下付出努力和艱辛，私底下受再多的罪都可以在鎂光燈亮起時得到補償。不過，能進入演藝界的始終是少數，對於其他那部分人而言，做做有關策劃、宣傳或與文藝相關的行業也會比較有發展，總之就是吃苦受累無所謂，一定要有站在前臺閃光的時刻，才能激勵她不斷前進。

理性思維型——

通常，男人比女人更擅長理性思維，但是凡事無絕對，也有些女人是非常理性的，她們不像大多數女人那樣任性和感性，她們遇事會自動的去分析和思考，看起來更加冷靜沉著，泰山崩於前而面不改色。這類女人其實蠻適合到傳統男人的職業裡去闖蕩一下，可以發揮她們理性思維的優勢，而且又有著女性天生的直覺、細心與敏感。適合理性思維類女人的職業有：程式設計師、設計員、監理、工程師。

「人來瘋」型——

有人見到生人就羞澀膽怯，也有人一見到人，無論熟悉還是陌生，都會馬上興奮起來，調動全身的活躍細胞，好像吃了興奮劑一樣。這種人天生屬於群居動物，她們是絕對受不了離群索居的生活，妳如果讓她寫份報告她會抓耳撓腮，妳讓她校對她會坐立不安，但如果把她派出去跟人打交道，那就如魚得水了。在頻繁的與人交往中，她們會得到很多看人的眼力、分析人的能力，以及與不同類型的人交流的經驗。眼觀四面、耳聽八方，見人說人話、見鬼說鬼話，八面玲瓏說的就是她們。這類性格的女人適合做銷售、廣告、公關等需要與人溝通的工作，還有就是做教師其實也比較適合，她們會根據每個學生的不同情況採取不同的對策，並在取得成效後深感滿足。

敏感型——

女人都敏感，但是程度上也有輕重之分。古代敏感的女人都做了詩人、詞人，現代敏感的女人當然是要當作家了。當作家僅有敏感當然不夠，但不敏感卻是不行的，哪怕是做個報紙的評論員，也要具備對時事、政治的相當敏感度才行。敏感的人比其他人更才思敏捷，因為她們不停的在思考，花開了、葉落了、飄雨了、起風了、地板髒了、玻璃蒙塵了，基本上隨便一件什麼事情都可以讓她們浮想聯翩，聯想到人生、聯想到愛情等等。這些思想和情緒，浪費了太可惜，不如寫下來賺功名。

姜艾其實本來跟文學沒什麼淵源，身為一個知名大學工程系和管理系的雙學士，她在一家工程公司做得挺穩當，業餘時間兼著一家網站的文學版版主，經常發寫愁雨悲秋的文字上去，夾雜著些對生活的感悟和感情的變遷，最鼎盛時每日一文，配著精美的圖片，成了文學版的招牌。那時候朋友就經常說她：「妳這麼喜歡寫作，不如專門寫作好了，省得在公司裡還要忍受妳們上司的醜惡嘴臉。」她最終決定離職，因為跟她口中「惡俗醜陋」的上司始終合不來。然後因緣際會的得到了一份電臺文字編輯的工作。朋友恭喜她說終於英雄有用武之地了，她所有的愁緒、欣喜都將有一個崇高的出口。從此以後，她永遠都是才思無窮的，雖然偶爾還是會抱怨，但大家都看得出來她自己還算比較滿意當下的狀態，而且比較詭異的是，她的性格居然逐漸豪放開朗起來，也許敏感的一面都傾注到了工作上，留給私人的反而就不多了。

神經質型——

這個類型仔細劃分起來，其實應該算到敏感型裡面，但更加誇張。很簡單的日常中的事物折射到她們腦筋裡就會產生非比尋常的奇幻效果。她們的思想可能是透過一粒沙看世界，也可能是天馬行空，她們的思維是跳躍的、拉伸的，經常會有一般人絕對想不到的亮點。她們適合去搞藝術創作。繪畫、雕刻、作曲等，但要注意培養自己控制情緒的能力，避免沉迷其中不能自拔。

操心型——

這種人事無巨細，統統掛在心上，每一個小細節都不放過，每一個對策都要規劃好。她們還有一個顯著特點，就是事必躬親，對別人的能力和執行力沒有信心，簡言之就是別人做什麼她們都不放心，都擔心做不好，於是事事都要指導、都要參與。這類人適合做軍師，傑出點就是諸葛亮的類型。「性格決定命運」這句話，套在諸葛亮身上就太恰當不過了。諸葛亮怎麼死的？積勞成疾病死五丈原，就是心力交瘁累死的，真可謂鞠躬盡瘁死而後已啊！諸葛亮就是個用腦過度又不肯授權別人的人，當然論頭腦他確實獨一無二，不然也不會氣死周瑜，但也不是所有事情都需要一等一頭腦的人去做，適當釋放權力說不定會有更好的效果。操心型的人適合瑣碎又複雜、需要動腦子的工作，譬如人力資源、辦公室主任、物流、物業。

總之，選擇了合適的行業，可以發揮自己的優勢而規避劣勢，工作上就可以比較得心應手，還可以從中得到工作和生活的樂趣。

第三節 歷史中的罌粟花

「以銅為鏡，可以正衣冠；以古為鏡，可以知興替；以人為鏡，可以明得失。」在中華浩浩蕩蕩的五千年文明裡，在從父、從夫、從子的道德要求下，女子大多是處於被漠視、被壓抑的生存狀態，但即便如此，總是有些豔麗奪目的女人花憑藉自己的狠辣嶄露頭角，在歷史的長河裡浮沉閃現。

雄心勃勃，心狠手辣

中國歷史上最有名的女人應該就是武則天了，她的故事早已經是正史、野史交錯，在男權社會裡成為一段耀眼的傳奇。她的一生由唐朝開國功勳武士彠的次女，到唐太宗李世民的幼妾，再到唐高宗李治的皇后，最後到自封的「聖神皇帝」，從14歲入宮到67歲登臨大寶，一路爭寵奪愛，血雨腥風。

還是才人時，武則天的鐵腕就已經顯露無遺，面對那匹獅子驄她毫不退讓：「鐵鞭擊之不服，則以撾撾其首，又不服，則以匕首斷其喉。」對權力的渴望、對政治的野心，推著她一步步除掉了王皇后、蕭淑妃，毒死李弘，廢掉了李賢、李顯，重用周興、來俊臣、索元禮等一批酷吏，清掃前進道路上的一切障礙。當然，她的政治才能是毋庸質疑的，她重視人才的選拔和使用、重視文化建設和農業生產、發展經濟鞏固邊防，使得她統治的時期成為唐朝極盛時期之一，上承貞觀之治，下啟開元盛世。

武則天是中國歷史上第一個也是唯一的一個女皇帝，而另外一個人，卻是第一個行使皇帝權力的女人，她就是呂雉，西漢王朝的無冕女皇。

呂雉一開始似乎也是個賢慧的女人，跟著劉邦歷盡艱辛，織布耕田、孝敬父母、養兒育女，直到劉邦稱霸天下並立呂雉為后，她的才能與欲望開始激發、膨脹。呂后的心狠手辣也是出了名的，她把韓信誘騙進未央宮，兜在布裡用竹籤刺死，既除掉了功高震主的韓信，又遵守了漢高祖對韓信的承諾：「見天不殺，見地不殺，見鐵器不殺。」而面對對自己有威脅的戚姬和戚姬的兒子劉如意，她更是不擇手段，毒死劉如意，砍掉戚姬的雙手雙腳、挖去雙眼、灌了啞藥扔在廁所裡，稱為「人彘」。這種慘狀令她的兒子漢惠帝一見之下崩潰，從此不問政事鬱鬱而終。

呂雉與武則天能夠在男人當權的社會裡分得一杯羹，登上權力的頂峰，靠的不僅是她們非比尋常的膽量、野心和才能，還有鐵的手腕和狠辣心腸。其實政治一向都是充滿狡詐和血腥的，任何一個朝代更換都是以極大的犧牲做為舖墊，只不過男人的驍勇和狠毒被描繪成了英雄氣概和謀略過人，而女人卻成了「最毒婦人心」，唯一相同的是，她們憑藉狠辣實現了自己的抱負，坐擁江山指點天下。

嬌滴滴的狠辣美人

說起嬌豔嫵媚的女人，自然少不了著名的趙氏姐妹：趙飛燕與趙合德。姐妹兩人自幼流落京師，後來進入陽阿公主府，學習歌舞禮儀成了歌舞伎，然後就入了漢成帝的眼，被送進宮中開始了縱情享樂承歡侍宴的日子，漢成帝為趙飛燕築瀛洲臺、為趙合德準備藍田玉的浴缸。雖然說漢成帝顯見得是個沒什麼鴻圖偉略、一味沉迷聲色的男人，但好歹身為一代帝王，能夠為女人做到這個地步，甚至在戴上了趙飛燕送給他的一堆綠帽子時仍隱忍不發，可以看出趙氏姐妹在迷惑皇上這件事上，絕不是單純濃妝淡抹、玉體橫陳那麼簡單。

先入宮的趙飛燕為了鞏固自己的勢力，極力向漢成帝推薦自己的妹妹，趙合德入宮後兩人攜手同心排除異己，可以說是姐妹同心、其利斷金。兩人設計陷害許皇后、摧殘懷孕宮人，「生下者輒殺，墮胎無數」，以確保自己的地位不受威脅。

這兩人對政治倒是毫無興趣，所動的心思也不過是如何能獲得皇上的專寵，畢竟宮門深似海、佳麗如雲，若不想門庭冷落無人問津，就必得費盡心力討好皇上。她們是成功的把皇上拴在了自己的裙帶上，只不過為此自己喪失了生育能力，皇上也暴斃於趙合德床上，榮華享樂如浮雲，也真可謂是面如桃花心、如蛇蠍。但是宮廷不比尋常百姓家，她們若不狠不毒，難免也會做了別人的炮灰。

巨眼識英雄之穩、準、狠

女人靠什麼改變自己的命運？在古代，靠男人是比靠自己更加快捷和立竿見影的途徑。千里馬常有而伯樂不常有，女人挑選男人就猶如伯樂挑選千里馬，非眼光狠辣獨到不能成氣候。

紅拂姓張名出塵，是隋末楊素的侍妓，因手執紅色拂塵，所以被稱為紅拂女。紅拂一生被人津津樂道的兩大手筆，分別是李靖和虯髯客，這兩人一個成了助李世民打天下的功臣，一個把萬貫家財留給她而自己跑去扶桑國稱帝了。李靖投奔楊素的時候，紅拂正好在旁邊，為其見識謀略和軒昂氣宇所傾倒，在楊素拒絕李靖之後不惜深夜獨自闖入李靖住處，表白心跡，願一起闖蕩天下，這就是紅拂夜奔的故事。兩人攜手之後，又遇見一個滿臉鬍子的人，他就是虯髯客，虯髯客想必也是對紅拂驚為天人，而獨具慧眼的紅拂乍見之下就已認定虯髯客也必是高人俠士，於是嫣嫣然認作「三哥」，三人兄妹相稱，是為風塵三俠。

紅拂不僅貌美聰慧膽識過人，而且眼光之準、狠令人驚嘆，這讓她有了極強的把握機會的能力和抗風險能力。她知道憑自己一個小女子掀不起什麼大浪，而年老的楊素也不是她的最好歸宿，正在這時候李靖出現了，青年才俊志向高遠，所以她對李靖說：「妾侍楊司空久，閱天下之人多矣，無如公者。絲蘿非獨生，願托喬木，故來奔耳。」眼光狠、下手狠，是紅拂的致勝之道。

另一個靠男人改變自己地位和命運的人，是梁紅玉，她出生於一個習武世家，後來由於戰亂漂泊到潤州為妓，憑藉著聰明美麗、能歌善舞，成為當地紅牌。不過自小練就一身功夫、挽強弓百發百中的她，並不安心於此，所以她在眾多將領之中發現了韓世忠，而韓世忠也有感於她的身世與颯爽英姿，為她贖身並迎娶為妻。之後夫妻倆為抗金效力朝廷屢建功勳，甚至在黃天蕩以八千宋軍，大破十萬金軍。引得宋高宗都親自為她做詩一首：「蜀錦征袍手製成，桃花馬上請長纓。世間不少奇男子，誰肯沙場萬里行？」

戰場上刀劍無情，梁紅玉當然是個狠角色，其實還不止如此，在謀劃策略上，她也是老辣敏銳。黃天蕩之戰後，她不僅不請功，反而親筆寫奏摺彈劾自己的丈夫「失機縱敵，乞加罪責」，因為她深知功高蓋主樹大招風，比秦檜還早一步開口，以免被奸人抓住把柄。

後來秦檜試圖誣陷韓世忠謀反時，又是梁紅玉靈機妙法，令丈夫單身一人去見皇帝，請皇帝親眼看他在戰場拼殺留下的道道傷痕和被毒箭所傷之手，這一招果然讓皇帝動了惻隱之心。最後兩人隱居杭州安享晚年。

單以身分而論，紅拂和梁紅玉都是浮萍般的人物，同樣為妓的陳圓圓，即使再怎樣有美貌、有才情，也不過是輾轉於幾個男人之間，任人擺佈最後香消玉殞，而她倆卻能在匆匆過客中，一眼相中自己的真命天子，並助其成事，這其中狠辣的眼光、豐富的閱歷、縝密的心思、強大的行動力與技巧高超的手腕，缺一不可。甚至可以說，這兩個男人是她們的跳板，即使沒有李靖、韓世忠，也會有王靖、孫靖、王世忠、孫世忠出現擔此大任，她們的膽識與心胸，早已決定了她們不會被埋沒在紅塵裡。

頑強堅韌之狠

蔡文姬是位一生坎坷的女子。她出生於文學世家，父親蔡邕是東漢文學家、書法家。蔡文姬自幼博學多才，善詩賦、書法，長於辯才與音律，是當時美名遠揚的才女。到了出閣的年紀被許配給衛仲道，兩人情投意合恩愛非常，可惜的是未滿一年衛仲道就咯血而亡，蔡文姬便回到了娘家。後來時局動亂，蔡邕死於牢獄，蔡文姬被擄去南匈奴，成了匈奴左賢王的王妃，直到十二年後被曹操派人贖回中原。臨行之際百感交集，做出了在文學史上佔有重要地位的《胡笳十八拍》。回到鄴城之後，她由曹操做主又將她嫁給了屯天都尉董祀，兩人本來對這次婚姻都有點疙瘩，但不久董祀因犯法判了死罪，這時候蔡文姬毅然站出來為他求情，曹操想到蔡文姬的悲慘身世就寬恕了董祀。經過這次波折，兩人感情上親近了，禍事反而變成了好事，最後隱居山林生兒育女去了。

文學史上還有一位女子也是歷盡波折，她就是古代女子詞作家的顛峰人物——李清照。她有個幸福快樂的童年，嫁給金石考據家趙明誠之後又有一段甜蜜的時光，兩人門當戶對志趣相投，一個是清麗才女，一個是翩翩少年，他們倆的結合是令人羨慕的。雖然後來趙明誠被免職，兩人在趙家故居過了十三年的困頓光陰，但兩人傾全力搜集整理金石字畫，也算是樂在其中。直到後來因為戰亂，趙明誠病死，李清照的生活被徹底顛覆了。北方大亂，她承受著國破家亡及喪夫的巨大壓力，一路輾轉流離了一年多，期間也寫下了很多著名的詞篇，例如《聲聲慢》、《永遇樂》。直到李清照45歲那年，她嫁給了第二個男人：張汝舟。但婚後她發現，張汝舟原來是覬覦她所搜集的金石文物，不能得逞便對她拳腳相向。這個清高傲氣的女人自然不能受此屈辱，決定分手，但宋朝的女人是沒有自主權的，如果提出離婚則必須入獄，最後她依然堅持分手，並以「妄增舉數入官」的罪名告發張汝舟，才告別了這段不堪的婚姻，成為了最知名的離婚婦人。

蔡文姬和李清照都適逢亂世，在大的動盪時局裡忍受著痛苦和離散，一介女流要主宰自己的命運，實在是不可想像的事情。可是她們沒有放棄、沒有麻木，關鍵時刻能堅持自己的理想和準則。很多事情不是一句「人定勝天」就能解決的，但她們卻能在水深火熱之中拯救自己，免於更大的痛苦和悲劇，只有擁有堅定意志和強悍心靈的人才能做到這一點。李清照尤其出色，即使流離失所，她也沒有完全困在個人的悲愁裡；即使人比黃花瘦，她也還惦記著國家民族。「生當作人傑，死亦為鬼雄。至今思項羽，不肯過江東。」正是她無比強大的內心，才讓她和她的詞穿越千年的時光與塵埃，至今仍熠熠生輝。

清醒克制之狠

長孫皇后，隋朝驍衛將軍長孫晟之女，唐太宗李世民之妻，這是個有口皆碑溫良賢淑、深明大義的女人。最知名的言辭當屬那句：「妾聞主明才有臣直，今魏徵直，由此可見陛下明，妾故恭祝陛下。」這句話熄了李世民的火，保了魏徵的命，也成就了自己的美名。其實長孫皇后的賢德表現在很多方面：恪盡婦道相夫教子、寬容不爭寵、不干預政務、勸戒唐太宗居安思危、任賢納諫、公正恭儉……幾乎所有可以表達中國傳統女人美德的辭彙，都可以在她身上得到驗證。在她死後，唐太宗更是修建了氣勢宏大的昭陵，來表達對她的敬慕和懷念，尊號「文心順聖皇后」。

這樣的一個被視為典範的女人，有人也許以為狠和辣跟她是沾不上邊的，這就錯了。人最難的就是控制自己的慾念與貪念，就是在安樂的狀態下依然保持清醒和警惕，就是身在富貴榮華的環境裡依然能夠勤儉冷靜。長孫皇后的狠和辣全都用在了自己身上，絕不給自己一點放縱和鬆懈的機會，她的頭腦、她的心胸，算得上是狠和辣的最高境界了。

女人夠狠才能贏

看看這些在歷史長河裡激蕩起浪花的女人們吧！後人對她們有褒有貶評判不一，面對這些風姿各異的女人，仔細分析不難發現，不論口碑如何，她們都站在時代的風口浪尖上，不論生活的目的是政治、是榮華，還是氣節，她們都得到了想要的東西，在與其他女人甚至男人的交鋒中，她們贏了。她們贏在不怯懦、不迷茫，她們贏在對目標的堅持，贏在老辣的心思和狠辣的手腕。用美麗和嬌柔來形容這些女人實在是太單薄了，即使歷經千年百年，那種骨子裡的堅韌依然讓她們驕傲、飽滿。

或者根本不用扯那麼遠，看看曾經活躍在政界和現在依然活躍在政界的女人們：英國前首相柴契爾夫人，巴基斯坦前總理貝．布托，中國前副總理吳怡，現任菲律賓總統阿羅約夫人，現任美國國務卿賴斯，現任德國總理默克爾……哪個不是以「鐵娘子」著稱？

也許溫柔如水是上天賦予女人的天性，但是水也有著強大的力量，水可以承載一切，也可以摧毀一切、淹沒一切。溫柔時，女人是安靜的一幅畫，而一旦女人決定狠起來，就會迸發出驚人的能量。女人，愛拼才會贏，夠狠才會贏！

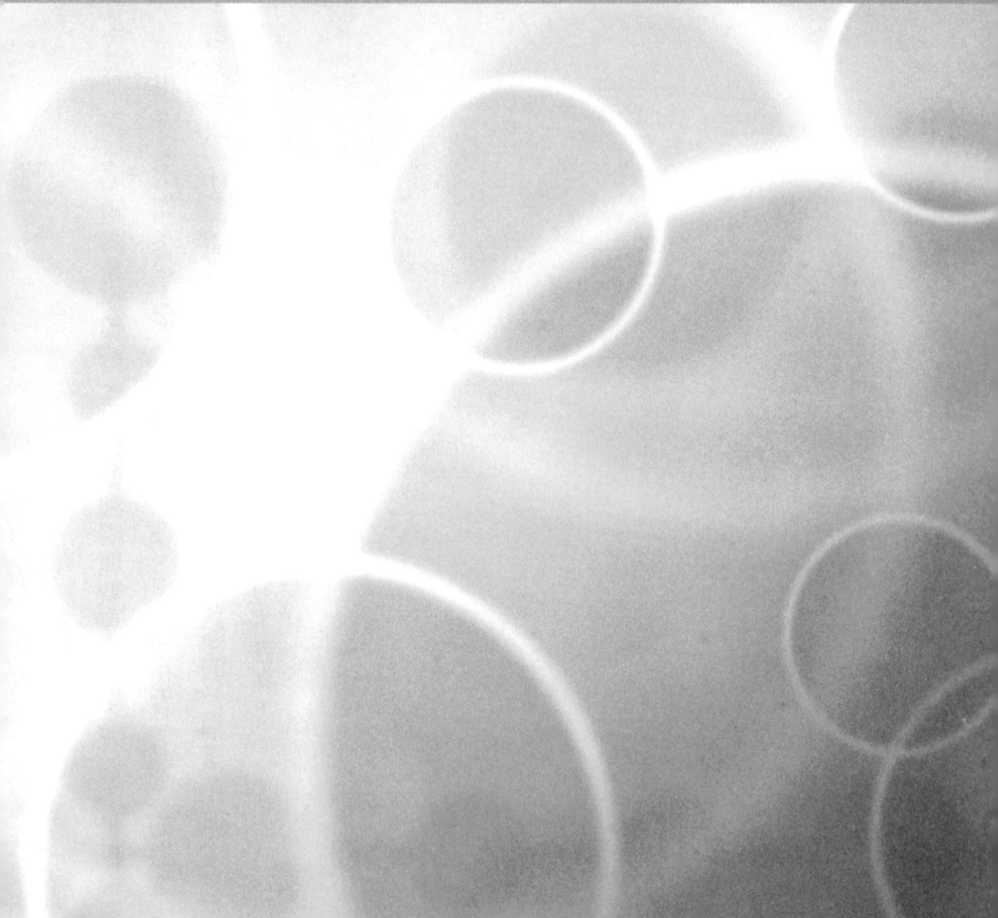

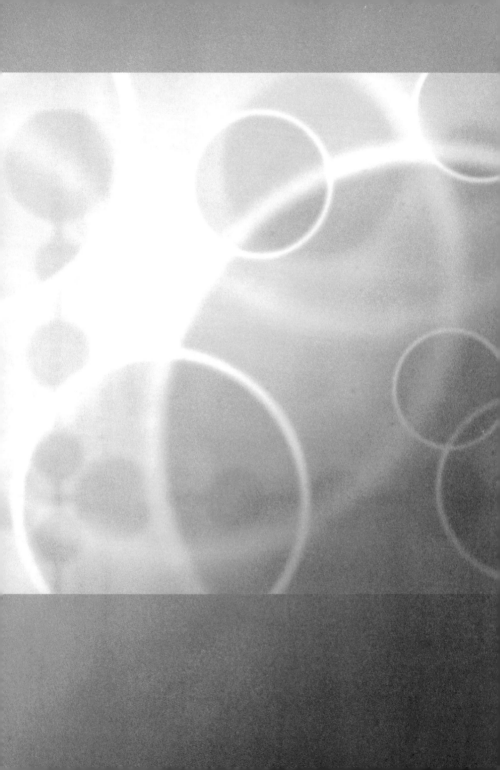

Chapter 2

柔弱OUT，狠辣IN

問十個男人：「妳喜歡什麼樣的女人？」有九個會回答妳：「溫柔賢慧有女人味的。」沒錯，他們理所當然的認為，溫柔的女人是有吸引力的，但是在現實生活裡，他們的眼睛經常被坦胸露大腿的火辣女子吸引，他們的腦袋經常被特立獨行、犀利潑辣的女子吸引。看看妳身邊的人吧！有多少溫柔隱忍的女子日日等著那個總也不打來的電話，有多少柔弱的心最後被厭惡、被拋棄。男人們眼巴巴的追著那些只肯給他們一個斜眼的女人，殷勤的送花、送禮物，午夜充當外賣，絞盡腦汁的算計怎樣才能擊退情敵抱得美人歸，心甘情願的被她們呼來喝去鞍前馬後的忙不停。目的呢？當然是滿足男人那點征服的欲望。越高明的獵手，越期望遭遇兇猛的野獸，男人也一樣，越不在他掌握的女人，越能激起他的興趣。柔弱？既不能讓妳在工作上升遷，也不能讓妳在生活裡順心，還不能讓妳得到心愛的男人。要做個得意的女人，就祭出狠辣的法寶吧！

第一節

又狠又辣的完美對手

在工作裡，同事之間可以是朋友也可以是對手，有合作、有競爭，在愛情裡，兩個人除了是最佳拍檔外，也可以視為一種對手，試探、進攻、退守，有些情侶在刀光劍影中傷痕累累無奈退出，也有些在眉來眼去中相逢恨晚一起笑傲江湖。

道不同不相為謀，棋逢對手才能沉醉其中，就像諸葛亮和司馬懿，即使身分是敵人，也可以在琴聲裡進行精神交流，所謂高山流水遇知音。要讓別人對妳認真對待甚至刮目相看，妳首先得提升自己成為一個夠分量、又狠又辣的完美對手。冰凍三尺非一日之寒，要修練成狠辣的女人也不是一日之功，需要提升性格裡的很多特質做為狠辣的基礎。

狠辣需要更獨立的人格

女人喊獨立喊了這麼多年了還在喊，要的是公平的待遇和機會，但從心理上來講，不論男女都會有疲憊、脆弱想要找個肩膀靠一下的時候，女人尤其是。傷心的時候希望有個人安慰，生病了希望有人端藥送水，孤單了希望有個人陪伴。這種依賴並不是不好，只是要控制在一定範圍內。有句話說的好：「靠牆牆倒，靠人人跑。」需要的時候休息一下、依賴一下可以理解，但一定要學會自己站著的本事，才能避免被倒了的牆砸傷，被跑了的人拖入悲慘境界的命運。獨立並不是要拒絕所有幫助和外援，如果有人剛好可以提供妳正需要的資源或關懷，微笑著接受是福氣也是禮貌，只是接受前要確認對方是否圖謀不軌或投石問路，謹記吃人家的嘴軟，拿人家的手短。

獨立其實是一種很高的境界，它需要高素質的心理和與時俱進的價值觀。有經濟來源的女人在經濟上會有獨立感，這個經濟來源可以是工作，也可以是創業，但不是伸手無償從別人那裡拿的，從父母那裡也不行。這種經濟上的自給自足可以使她們的精神獨立有堅實的地基。經濟獨立讓女人在物質上不必依附任何人，而精神上的獨立可以讓女人獲得一個無比神祕和豐富的誘人世界。女人的精神獨立是對自己的確認，她的思想受自己支配，知道自己要什麼、如何能得到，知道什麼是該堅持的、什麼是該放棄的，不因別人的喜惡而盲目修改自己的行為。她不會因為上司喜歡捲髮就把頭髮弄成大小波浪，她不會因為男朋友喜歡吃臭豆腐就強迫自己也去吃，更不會因為朋友或者伴侶的背叛而失去生活的方向。

女人如果缺少了獨立感，整個人就變成了黑白片，沒有充滿了誘惑的鮮活感覺，男人對這種女人不會有長久好感，遲早都會滋生厭倦。

薇算得上是眾人眼中的幸運兒了，23歲就認識了自己的老公，年輕的商界新貴，兩人很快就步入了婚姻殿堂，薇也成為了安心持家的小女人。丈夫的工作很忙，世界各地到處跑，難免冷落了妻子，不過薇從來就不是小怨婦，她將自己的生活安排得很好，學學刺繡和油畫、讀一本好書，都可以讓她度過充實的一天，而每到丈夫回來的日子，總能收到她新奇的小禮物，驚喜莫名。有時她也會陪著丈夫出國，當丈夫出去談生意時，她就一個人閒逛，羅浮宮和大英博物館都可以消磨好幾天的時間，她從來不會抱怨丈夫的忙碌。有時和丈夫那些商界朋友們聚會，聽到那些太太們抱怨丈夫的忙碌，抱怨好不容易出去一趟，卻將妻子丟在飯店自己去談生意，薇就會在旁邊淡淡的微笑。因為她很清楚，自己從不認為必須依附丈夫的存在而生活，所以她能夠享受獨自一人的快樂。

狠辣需要更高貴的氣質

高貴是一種氣質，也是一種傲視一切不卑賤、不做作的態度。有錢不一定能修練出高貴的氣度，沒錢也未必就一定是卑微的，關鍵就看妳的心，到底要往哪個方向發展。身體也許暫時不高貴，但一定要保持心靈的高貴與純潔，在很多時候，它可以指引妳正確的選擇。富人和窮人對待金錢的態度是不一樣的，所以他們獲得金錢的手段和途徑不盡相同，導致的結果也大相徑庭。高貴的人和卑微的人在看待事情時，著眼點和入手處都是不同的。高貴的人有著強烈的自信，卑微的人容易妄自菲薄；高貴的人即使在艱苦的時候也能堅持自己的選擇，卑微的人經常在困難面前低下自己的頭；高貴的人更容易做到寬容與大度，而卑微的人笑容背後也許隱藏著無盡的敏感與猜疑。

女人的高貴並非一定要出身豪門或者身分地位顯赫，主要指心態上的高貴。男人並不喜歡放蕩輕浮、心態猥瑣的女人，她們也許會被狂蜂浪蝶所追逐，但永遠得不到真誠的對待。

一個有著高貴心靈的女人，就像是荷花，「可遠觀但不可褻玩」，她可以是嬌豔美麗的，可以是溫柔和善的，她給人的感覺也許是親切可人，也許是若即若離，但妳總會知道她是不會被別人所左右，有自己生活原則的，這樣的女人或許會嚇退一部分男士，但懂得這份珍貴的人，會知道她的價值，樂意為她託付終生之愛。

張愛玲本來應該算是個特立獨行的奇女子，但她本應該更耀眼的人生伴隨著她和胡蘭成的相遇，而拐到了另外一條路上。她的狠辣表現在思想的犀利和文字的辛辣上，她彷彿從小就看透了世情，看透了人情冷暖，看透了利祿功名。她說「出名要趁早呀，來的太晚，快樂也不那麼痛快」，她說「人生是一襲華美的袍子，上面爬滿了蝨子」，她說「當妳笑的時候，全世界和妳一起笑，當妳哭的時候，便只有妳一人獨自哭」。即使那些讀起來溫暖柔和的句子，透出來的也是徹骨的悲涼。

她太聰明、太敏感，所以就難免太悲涼，她遇到胡蘭成之前其實還算是燦爛張揚的，昂著頭高貴的接受別人的追隨。如果陪伴著她的是個沉穩老練並且專一的男人，任她耍著她的小聰明，欣賞著她獨特的美麗，包容她偶爾的胡鬧，那麼她的一生也許不至於有個那麼孤獨的結局。可惜她一遇到愛情就忘記了高貴，她在所愛的人面前變得無比卑微，命運讓她遇見了胡蘭成，而又讓胡蘭成最終辜負了她的心。她自從遇到胡蘭成，就再也辣不起來、張揚不起來了，心低到塵埃裡，居然還能歡喜的開了花。這能怪誰呢？如果一定要追究，只能是張愛玲自己的錯，她不該把一片真心傾注到一個不值得的人身上，即使愛了也應該保有自己的個性與尊嚴，如果她一如既往的辛辣挑剔，把自己的地位擺得高高的，或許能活的更瀟灑，心也不必受那樣的傷吧！

狠辣需要更勇敢的態度

女人的勇敢表現在勇於單獨面對挑戰，勇於嘗試新的生活方式，勇於爭取自己想要的東西，勇於做出承諾和選擇，勇於承擔其所造成的後果。一時的膽怯也許可以激起別人的同情心，激起男人的保護欲望，但膽怯絕對不是也不能成為生活的主旋律，膽怯會讓妳錯過更好的機會，膽怯會讓妳錯過更多的風景，膽怯會讓妳錯過真摯的感情。

做個勇敢的女人，不是要妳看恐怖電影，不是看見蟑螂、老鼠不許叫，不是讓妳去做一些逞強的事情，而是有著穩定堅強的內心，即使知道前方有困難也有信心去克服，即使知道會有很多挫折和磨難，也盡力去爭取成功；即使知道這個世界有黑暗、有罪惡，也依然充滿憧憬和信心。女人請記住，愛自己，勇敢的對待每一天。

林圓在她34歲那年走出了婚姻，帶著僅僅1歲多的孩子做了單親媽媽。每段感情一開始都披著美麗的面紗，林圓和她前夫也有過牽手、擁抱、心跳、甜蜜的日子，只是當愛情逐漸平淡，當生活逐漸被柴、米、油、鹽覆蓋，那個曾經發誓說會愛她一輩子的男人出軌了，而且不只一次。林圓給過他機會，可是這個男人偷腥彷彿上了癮難以戒除，甚至反過來要求林圓說兩個人都可以有自己的自由空間，說他只是在外面逢場作戲，心總還是放在家裡的。這個男人條件尚可，給林圓提供一個遮風避雨的房屋，給她提供安逸的生活，可是他不能再給林圓一顆完整的心，不能再給她一個溫暖的家。於是林圓痛苦思考後，決定結束這一切，結束虛偽的幸福。

很多朋友勸她，說男人哪有不偷腥的，只要還顧念這個家，只要還願意和妳生活下去，忍一下退一步就天下太平了，一個單身女人帶個孩子生活不知道會有多艱辛呢！但是林圓不想再忍受這種被背叛的日子，最後還是決定一個人扛起所有的責任。她給自己請了律師，離婚時為自己和孩子爭取了最大的利益，然後加倍努力的工作，加倍用心的生活，細心的照料孩子，讓孩子盡量在輕鬆快樂、沒有仇恨和抱怨的環境裡成長。

林圓現在過的辛苦但是充實，她相信未來一定會越來越好，能再遇到相知的另一半更好，如果遇不到她也會和孩子一起享受每一個日出、日落。

狠辣需要更堅持的精神

很久以前看過一則漫畫，畫的是一個挖井人，挖了深深淺淺四口井都沒有挖到水，就放棄了，而漫畫上顯示挖得最深的那口井，距離地下水面只差一鐵鏟。本來如果堅持到底就能夠完成的一個目標，最後時間沒少浪費，力氣沒少出，落得個毫無結果。我們在生活中也經常犯這樣的錯誤，一開始滿懷豪情，後來沒有結果或者沒有好的預兆，信心就慢慢消減，情緒不再激昂，精神不再飽滿，開始懷疑自己的決定，看到的都是負面，最後就乾脆放棄不了了之了。很多時候，我們都在最接近成功的時候被自己打敗，輸給了自己。

古往今來，獲得成功和幸福的人無不是堅持了自己的夢想，期間即使有過小小的妥協也是屬於戰略性妥協，是為了能夠更好的堅持。人生短短幾十年，要活的自我、精彩，就得堅持自己深思熟慮後做出的選擇，不然在年老時停下腳步靜下心才發現，這輩子過得並不是自己想要的生活，就為時已晚了，沒有時間也不可能重新開始。

當然，也並非所有的堅持都一定會有完美的結果，但在堅持的過程中妳也能得到很多經驗和快樂。

劉曉慶算是中國女演員裡知名度最高的一個了，這個來自四川的辣妹子，可謂無人不知，無人不曉，人們對她的評價不一，但不可否認的是，這是個活得極為自我、極為張揚、極為豐滿的女人。她辣，敢說敢想、敢做敢當，敢說自己是最漂亮的女人，敢說自己是最好的女演員；她堅持，樂於操縱自己的愛情、婚姻、事業，堅持追求自己的個性和屬於自己的生活，從來都不灰心也從來都不放棄，即使在她入獄的時候也依然如此。很多人都以為她這輩子再翻不了身，可是如今呢？她依然光鮮燦爛的活躍著，演電視劇、演話劇，她不畏人言，甚至可以把自己的傷疤紋成一朵花，展示給公眾看。這樣的一個女人，活得精彩，即使有人詬病、有人指摘，她還是可以得到自己事業上的成功和感情上的歸宿。

有了這些足以讓自己快樂安定生活的支撐，我們至少可以平視任何出現在我們眼前的男人，不需要抬頭仰望，不需要低聲下氣，不需要刻意討好，我們以一個有著明確生活目標、懂得生活樂趣的女人形象，出現在男人面前，不依賴、不諂媚，而是用滿身的光華去吸引他們，讓他們欲罷不能。就像舒婷在《致橡樹》裡謳歌的：「……我必須是你近旁的一株木棉，做為樹的形象和你站在一起。根，緊握在地下，葉，相觸在雲裡……你有你的銅枝鐵幹，像刀，像劍，也像戟，我有我的紅碩花朵，像沉重的嘆息，又像英勇的火炬，我們分擔寒潮、風雷、霹靂；我們共用霧靄、流嵐、虹霓，彷彿永遠分離，卻又終身相依……」

愛情最完美的形象是兩情相悅，而非任何一方的強求或委屈。太甜了，對方終究會膩，太酸了，對方會考慮逃離，太苦了，誰都沒信心堅持下去，太淡了，會懷疑愛情還在不在……不如加一點辣味，多一點新鮮、多一點刺激。任何平庸的菜餚裡加一點辣進去，就會瞬間不平凡起來，點綴的紅辣椒就彷彿畫龍時點上的那個眼睛。面對工作辣一點，讓妳更有動力、更有熱情，面對生活辣一點，讓妳更勇敢、更樂觀，面對愛情辣一點，讓妳更灑脫更自信，讓他對妳更迷戀、更鍾愛。

狠和辣，讓女人更冷靜、更睿智、更灑脫也更自信，讓女人知道自己最需要的是什麼，努力和付出的時候不懈怠、不盲目，讓女人更接近成功和幸福。

第二節　會吵的孩子有糖吃

妳細心的照顧自己的男朋友，為他燒好吃的飯菜，幫他把房間整理得井井有條，颱風下雨時掛念他，妳捨不得為自己買那條喜歡的項鍊，卻為他買了那隻他喜歡的錶，妳不捨得他為妳奔波勞碌……妳以為這樣的付出，這樣的對他好，他都會記在心裡，會給妳一個他曾經許諾過的美好未來。可是忽然有一天，他說他對妳沒感覺了，他說跟妳在一起的日子沒有熱情，像杯白開水。他的眼睛裡或許還有對妳深深的歉疚，可是人卻頭也不回的跟另外一個女人走了。

妳認真的對待自己的工作，做好每一件份內的事，妳對同事點頭微笑，替人加班也毫無怨言，沒人願意做的苦差交給妳妳也咬咬牙認了。妳以為同事會因此感激妳，妳以為上司對妳做的這一切都很滿意，但是後來妳發現經常請假遲到的Susan升職了，囂張到連客戶都敢罵的Chris加薪了，只有妳還原地踏步。

如果妳有這些煩惱，先別忙著怨天尤人，認真考慮一下為什麼會出現這樣的情況，造成這些的原因難道真的只是人心不古、男人花心、上司刻薄？難道真的只是妳運氣不好？

美國氣象學家洛倫茲曾經提出一個理論叫「蝴蝶效應」：一隻南美洲亞馬遜河流域熱帶雨林中的蝴蝶，偶爾搧動幾下翅膀，可能引起美國德克薩斯的一場龍捲風。其原因在於：蝴蝶翅膀的運動，導致其身邊的空氣系統發生變化，並引起微弱氣流的產生，而微弱氣流的產生又會引起它四周空氣或其他系統產生相對的變化，由此引起連鎖反應，最終導致其他系統的極大變化。而這個問題放在具體的人身上，能得出什麼結論呢？那就是，人的一言一行、每一個選擇都有可能對結果起了無法估計的影響，而人們的言行和選擇絕對是與其性格體系有著千絲萬縷的關聯。不哭不鬧的是好孩子，但是好孩子未必能得到甜頭。

會吵的孩子為什麼有糖吃？

為什麼妳對朋友傾心傾力卻得不到別人同樣的對待？為什麼妳溫柔體貼自尊自愛的男朋友卻跟妳說再見？為什麼妳工作努力積極上進每次加薪升職卻總沒妳的份？

1．趨利避害是動物天性

所有的動物都有趨利避害的本能，其中生存的本能反應是最強烈的。對人而言，在社會生活中也是如此，面對紛繁複雜的情況，都會趨向於做出對自己最有利的選擇，把負面影響降到最低。譬如公司要裁員，職位等級相同工作能力相當的兩個人，如果硬要裁掉一個，倒楣的多半會是行事比較溫和的人，因為高層肯定會有所顧忌，擔心一貫潑辣強硬的人會引起公司人員動盪、口角之爭和其他不必要的麻煩。而溫和的那一個呢？料他也不會做出什麼出格舉動，自己再鬱悶也只能收拾細軟領了遣散費回家。

2．欺軟怕硬是人的共性

這完全是趨利避害的延伸，是人天生的劣根性。遇到強敵多數人會唸叨「退一步海闊天空」，聰明人即使暗地裡下了決心要超越，也會韜光養晦暫避鋒芒，不會拿自己的雞蛋硬往石頭上砸。而軟柿子誰都想捏一把，忍氣吞聲換來的未必就是別人的理解，更大的可能是得寸進尺、得隴望蜀。

3．人都在追求自我滿足

物質層面上，我們對衣、食、住、行都有著基本的要求，在精神層面也需要必要的成就感和滿足感，或者說叫做自我認可。凡事靠自己，確實夠獨立、夠堅強，但身邊的人卻不能從妳那裡得到這種被需要的快感。而如果適當的時候，恰到好處的「鬧」一下，請求別人的幫助，妳自己會省卻很多力氣，或者得到更多的利益，而對方也會得到一種心理的滿足感，這其實是個雙贏的模式。說的功利一點，人就是在這種需要與被需要的關係中建立起更穩固的關係，甚至感情。

有個小故事：有一個人獨自行走，途中被大石頭擋住了去路，他試著推了幾次都沒有推開。這時候上帝出現在他面前說：「你應該用上你所有的力量。」於是他又拼盡全力去推，巨石依然紋絲不動，他很無奈的看著上帝說：「我已經把所有的力量都用上了。」上帝搖搖頭：「不是的，孩子，你還沒有請求我的幫助。」一個人可以依靠和使用的，並非只有個人的力量和能力，如果妳能「鬧」到別人的心窩裡，懂得向別人提要求，對方在能力所及的範圍內會盡量滿足妳的需要。

4．社會分配法則不是完全按勞分配

當今社會的分配法則是什麼？也許妳會說是按勞分配。但是現實生活裡並不是這樣的，有多少人做著相同的工作得不到相同的待遇，有多少人付出了同樣的努力得不到相同的回報，所以不要以為妳只要做好份內工作、收拾好自己的家、照料好自己的男人就萬事大吉了，絕對不是這樣的。舉個最簡單的大家都知道的例子，一窩剛孵化出來的小鳥，個個都餓了要吃，但牠們的父母每次只能帶回一隻蟲子，給哪個吃？當然是給嘴張得最大、脖子伸得最長、叫得最響的那個。牠不見得就比其他小鳥更飢餓，但牠表現出來的需求最強烈，於是在沒有其他方面可以做為參考的情況下，鳥父母選擇優先供給牠食物資源。

人類社會也是如此，妳先得表現出強烈的需求，別人才會知道怎樣做能夠滿足妳。同樣談戀愛的兩個女孩子，一個對男朋友說：「那天看到TIFFANY的新款項鍊好漂亮啊！如果有人送我這個生日禮物那真是開心死了。」另外一個呢？含情脈脈的說：「只要你對我是真心的，你就是送張卡片、送個草戒指我也一樣高興。」結果呢？一個得到了心儀的TIFFANY項鍊，另一個得到纏綿的情話或者親吻。其實男人在愛著的時候，只要妳的要求不過分，他們大多不會計較為妳付出的那點時間和金錢，而且他們會為自己有能力滿足女友的願望而感到更大的成就感。而如果妳對他無所求，他就得不到這種滿足的快樂，甚至會覺得妳跟他並不親密。而當男人不愛了，他也許會心疼之前付出的金錢，但絕對不會因為妳曾經給他省過錢而對妳有任何額外的眷戀和感激。

把自己的需求表達出來，會有機會透過更加便捷的途徑得到更多的資源。

5．人們對不同的人有不同的忍耐度和評判標準

妳對每個人的忍耐程度和評判標準是相同的嗎？顯然不同，就好像我們對陌生人的容忍度反而大於親人和朋友一樣，我們對一貫惡劣的人的容忍度也大於一貫溫順的人。這聽起

來很沒有道理，但事實卻是如此。這源於人心理的慣性，譬如妳一直住在破舊平房裡，讓妳住進高級豪宅妳會覺得很驚喜、很愜意，而如果妳一直住在高級豪宅裡，卻要妳搬去破舊平房裡住，妳肯定覺得無法忍受。人與人的相處也是這樣，人都是欺軟怕硬的，如果妳一向都是溫文爾雅，從來都是先人後己，那麼妳周圍的人也會習慣於這樣的對待，沒有人會去想這樣對妳公不公平，沒有人會去考慮妳是否得到了妳應該得到的東西，而一旦妳決定要強硬一次、要為自己爭取一次，他們反而會覺得妳變苛刻了，妳難以相處了，會以挑剔的仇視目光看妳；而如果妳一向都是強悍強勢的，從來都是積極爭取自己利益的，那麼妳周圍的人也就會覺得很自然，時間久了對此不僅不會有什麼怨言，反而會在心裡很自覺的為妳預留出任性的空間，反而會在有人提出異議時主動的為妳辯解和開脫：「她就是這種性格，妳為什麼非要跟她計較呢？」這種情況下妳偶爾心情好寬容一次、禮讓一次，周圍的人會覺得興奮，甚至受寵若驚。

妳看，溫柔禮讓不僅讓妳喪失很多既得的利益，還讓妳失去了拉攏人心的籌碼。而狠辣強硬呢？不僅平時可以得到特殊的待遇，偶爾還可以做為放低姿態博得好感的手段。

為什麼失敗的都是好女人？

現在的教育和輿論，都要求女人要自尊自重、自立自強，可是很多知書達理、溫柔大方的女人卻敗在了看起來並不優秀的女人手裡，那些女人氣量狹小、愛吃醋、發脾氣不顧形象、逼迫男人買這買那、一不順心就又哭又鬧……男人怎麼了？難道真是妳對他越好他就越不在乎妳？難道妳所有的好他都視而不見？造成這一切的根源到底是什麼？

1．好女人不一定是容易親近的女人

很多女性絕對都是好女人，她們溫柔可親、秀麗整潔，上得廳堂、下得廚房，可是偏偏很多遲遲沒能嫁出去的，究竟為什麼呢？其實並不是男人不喜歡這樣的女人，而是他們在面對害羞、矜持的女人時，膽怯了、退縮了。好女人的教條太多，約束也太多，她們羞於表達自己對異性的好感，總是希望對方能夠主動，而如果對方是主動的呢？她們卻又害怕受傷，渴望著對方多表示一點，再多一點，證明他的感情足夠深厚，於是長久下去，男人還是因為始終得不到回應而離開了。

而另一類女人則不同。她們性格狠辣、敢做敢當，她們從不掩飾自己的想法，而是積極地去實踐自己的夢想，她們熱情、大方、不矯飾，永遠充滿著活力，讓人一見到她就有親切感。其實從小到大，最受歡迎的女孩子永遠都是那些大方爽朗的，和她們相處，男人不

會有壓力，他們不用擔心是否不小心說了什麼會讓她敏感的話，他們不用擔心是否照顧不周，因為他們知道，這樣的女子更願意與他們平起平坐、互相照顧，而不是一心等待他們的關照。同樣的，如果她們喜歡上了異性，一定會大大方方表達自己的感情，給對方一個勇敢追求的信號，也給自己尋找到終生伴侶的機會。

2．強扮自尊未必能讓女人幸福

無論是小說、電視劇還是現實中，經常會有這樣的例子：當一個男人面對兩個女人，這兩個女人一個哭得梨花帶雨、柔弱不堪，一個傾盆大雨只在心裡忍受、假裝堅強無所謂，男人往往會選擇留下來照顧柔弱的那個。一方面男人喜歡那種我見猶憐的小女人，也從中體會到大男人的快感，另一方面他們認為那些堅強的女人自理能力強、癒合能力也強，即使把妳來個空中拋物，妳也會展開自救好好活下去。更何況妳的無所謂會讓男人覺得妳不在乎他，不夠喜歡他，那麼這些把面子看得比天大的男人哪還敢親近妳呢？於是那些不哭不鬧的女人們獲得了所謂的自尊，但也無意中減少了男人對女人的憐惜。

其實很多時候，並不是因為女人心底真的夠強悍，而是自尊與自卑的矛盾結合，她不願意讓別人看到自己的落魄，不願意讓別人看到自己的傷口，不願意讓別人看到自己的頹敗，所以就只能硬扛著，心裡面翻江倒海苦得跟黃連似的，卻盡力維持著表面上的安樂和光鮮。這種情況最終能扛過去還好，她就相當於又被現實錘鍊了一遭，一旦老天不照顧，就怎麼都扛不過去，往往就有個悽慘結局，很多平日裡看起來好好，卻忽然自殺、自閉的大多都是這種情形。我們不是一個人活在世上的，有親人、有朋友，陷入困頓之時向他們請求幫助或開導，並不是很丟臉的事情，反而如果妳扛不下去了還要扛，當親人、朋友得知妳原來那麼困難、那麼痛苦的時候，他們都會心痛，覺得是自己的大意失職，或者誤以為是妳的冷漠。所以很多時候，當妳為了所謂的自尊強顏歡笑，妳卻將那份本該屬於妳的憐愛拒於門外了。

3．溫柔未必能留住男人

都說要抓住男人的心先要抓住男人的胃，那妳天天料理好他的一日三餐、安排好他的衣、食、住、行，男人就會死心塌地的一輩子只愛妳一個嗎？都說河東獅會讓男人感覺不到家的舒適與溫馨，那妳日日吐氣如蘭、夜夜紅袖添香，男人就會心滿意足把妳當成手心的寶嗎？潔身自好、忠貞專情的男人不是沒有，但見異思遷、拈花惹草的男人從古至今從來都沒少見。處處捧著他，他會嫌妳沒有思想、沒有個性；事事順著他，他會嫌妳波瀾不驚沒有熱情。天天吃糖會膩死人，一味的溫柔也就成了司空見慣。

男人當然喜歡女人的溫柔，因為能從中得到心靈的溫暖和被寵溺的得意，但是太溫柔的女人付出的往往是一種沒有原則的愛。愛應該有原則、有節制，太氾濫的話，男人就不懂得珍惜。適當的看淡，反而可以令兩個人的相處步入一個更愜意的狀態。放手有時候恰恰是一種最好的把握。如果女人一開始就把自己擺在乞求感情的位置上，盲目的付出，無止境的溫柔，往往得不到想要的結局。當妳把心完全放在別人手上，能主宰妳感情和幸福的人就不是自己，而是對方。這個對方，很難說有沒有能力、決心、意願來維護妳一生的安穩和快樂。男人同樣在乎愛情的默契、寬容和理解，但在男人那裡愛情遠不是人生的全部。

劉向的《後漢書》裡說：「與善人居，如入芝蘭之室，久而不聞其香；與惡人居，如入鮑魚之肆，久而不聞其臭。」人對環境有很強的適應性，而環境也會潛移默化地改變人。即使妳對一個人再好、再體貼，開始的時候他會覺得幸福，但一旦成了習慣就會覺得妳所做的一切都是理所當然，妳一直這樣做下去他對妳不再會生感激之情，甚至偶爾妳做得不夠好的時候，他反而覺得不習慣了，覺得是妳變了，進而為他的厭倦和背叛找到了舖墊和藉口。

4．平淡是謀殺愛情的良藥

提到愛情，我們會採用怎樣的方式去描述？觸電、心跳加速、乾柴烈火、小鹿亂撞……

都是些比較有衝擊力、比較有動感的辭彙，至於細水長流那就是愛情歸於平淡之後的事情了。而且，這「細水」不管再怎麼細都是一定要「流」的，這也是個動態，水不停，而岸邊風景不同，若哪天這水不流了，那就成了一潭死水，死水裡面只能滋生細菌與腐臭，再也配不上愛情。

愛情永遠需要用心經營，即使妳們的愛開始的驚天動地、鬼哭神泣，即使妳們的愛曾經衝破層層阻撓，即使妳們的愛歷經了磨難與洗禮，也不能就此放下心來，以為這份感情就是牢不可破了。世間沒有什麼是永遠不變的，感情也是。兩個人一起的生活，需要人為製造些驚喜出來，讓彼此都覺得這樣的日子讓人充滿了新奇與期待，而不是睜開眼睛就能一眼看透幾十年的光陰。

戀愛時我們會製造些浪漫的邂逅，捏造些莫須有的所謂緣分，要些小脾氣、玩點惡作劇，關注彼此的喜好和需求，記得那些有特殊意義的日期，不時給對方驚喜，而愛情就在這不斷心跳、不斷意外的過程裡被鞏固。可是一旦塵埃落定，如果雙方都不再注意對感情的維護和修繕，任由日常瑣事柴、米、油、鹽充斥每一天，那這可怕的平淡就會像溫水煮死青蛙一樣謀殺掉愛情。

5．「鬧」也是一門藝術

這裡說的鬧，可不是河東獅吼、潑婦罵街的伎倆，那樣只能讓人對妳敬而遠之。鬧，可以是一種情趣，是一種表白心跡的方式，還可以是為了達到目的的一種手段，這個鬧一定得有理有據、有界有度。如果妳的鬧在男人的承受範圍之內，如果妳的鬧能讓男人有被需要的感覺，如果妳的鬧讓男人有成就感和滿足感，那他就會義無反顧的任妳驅使，隨妳搓扁捏圓了。

第三節

柔媚當道，無辣不歡

又要狠又要辣又要會鬧，有人可能要問了：這到底是個什麼樣的女人呢？這樣的女人真的吃得開嗎？其實妳只要看看身邊那些事業成功、家庭幸福的女人，就能得到答案了。每個人身上多多少少都會有狠辣的因子，只不過表現的程度不同，有的外露、有的內斂；狠辣的對象不同，有的是對工作，有的是對自己，有的是對家人、朋友。

狠和辣都是要講究方式、方法和限度的，妳如果是像梅超風使九陰白骨爪那樣的狠法，肯定落個天怒人怨、人神共憤的下場。女人最首要的當然是要有個女人樣子，哪怕妳下定決心要做個女強人，也不能輕易就放棄了女性的性別特徵。客觀公正的說，女人天生在生理和心理上是很難跟男人抗衡的，可是現實又要求我們獨立自主，要跟男人一樣出去打拼，要事業與家庭兼顧，要自己照顧自己，要和男人們一起去爭奪有限的資源。都說男人活得累，其實女人活得也很累。那有沒有稍微輕鬆點的辦法呢？有，那就是充分利用自己的性別優勢，男人透過征服世界來征服女人，女人透過征服男人去征服世界。

柔媚是女人獨家祕笈

生為女兒身，就要從心理上接受這個身分，以身為女人為榮，把做女人這件事做到極致。男人、女人不論是從心理還是生理上，都是千差萬別的，女人似水，男人如磐石。柔是水的特性，愛美則是女人的天性，一個女人，不論妳強勢也好弱勢也罷，不論妳是天真純潔還是成熟風情，都應該盡力發掘自己的美，發揚自己的美。性格可以堅毅沉穩，思想可以深邃廣博，但外表一定要突出女人特質，夠柔夠媚，這才符合人性。男人負責開拓，女人負責守成，男人負責堅硬，女人負責柔軟，男人負責剛強，女人負責美麗。

從古至今美的標準一直都在變，從「楚王好細腰」到唐朝的以豐腴圓潤為美，從三寸金蓮到天足運動，從「女子無才便是德」到才女的風行，從束縛胸部到大膽亮出S型身材，從比男人還男人的鐵姑娘到溫柔哼唱著靡靡之音的鄧麗君，美的標準一直隨著時代的進步而發展著。到了今天，已經很難給出一個確切的美麗標準了，不管是傳統還是西化，大家對於美的認知更加寬泛而具體。時尚開始模糊多變，審美元素開始多元化、國際化，唯一不變的是「女人要有女人味」的觀點，依然獲得了絕大多數人，尤其是男人的認可，雖然中性化也是個不可小覷的潮流，但女性美的張揚依然是最本真的。

女人的美，在於柔和、純淨、清澈、嫵媚，像溫婉的溪流，像飄搖的水草，像夕陽下的垂柳，像細雨中的丁香，像林間的新綠，像晴空下的太陽花。每個女人都是一件精美的藝術品，要懂得珍惜和愛護自己，別讓美麗蒙塵。

衣著性感奪目謂之熱辣

什麼最吸引男人的目光？答案是女人的身體。很多媒體還煞有介事的對此進行詳細而全方位的調查統計，比如對男人最有誘惑力的部位依次是：乳房、手、私處、臀部、腰、腹部、腳、背、頭髮、大腿；再比如觀察一個女人，少年看臉部、青年看胸部、成熟男性看臀部、閱盡千帆的看腳丫……讓一個正常男人血脈賁張也是對女人原始魅力的一種讚美。

東方女人的性感其實也大多是內斂沉靜的，是所謂的神祕安詳的東方韻味，與西方的火爆不同。西方的女人天生體格更壯碩一點，身形更凹凸有致一點，穿衣風格也更隨意和簡約，當然她們也有本錢去露乳溝、臀溝炫耀。但是對東方女人而言，身材天生就單薄一些，對不少人來說勉為其難的暴露只不過是自曝其短。經常在街頭看到這樣的場景：皮膚又黑又粗的偏偏穿著大露背裝，穿細肩帶的在腋下和腰部擠出一圈肉，發育不良的也敢真空上陣愈發像是豆芽菜，穿短裙的露出一雙略像蘿蔔的玉腿……衣著的第一要求是整潔大方，其次才是美麗，而以上的街頭裝根本就是惡搞。

身材胖怎麼辦？減肥啊！皮膚不好怎麼辦？保養啊！不對自己狠一點，怎麼能得到美麗呢？妳以為所有人的麗質都是天生的啊！沒減肥好、沒保養好之前，最好的辦法就是露巧藏拙。胖的瘦的其實都有可取之處，瘦的伶俐、胖的富貴，可以按照自己的特點去裝扮。而具體到一個人身上，就是把略有缺憾的部分稍加掩飾，而把最漂亮、最有特點的部分亮出來。脖子短的千萬不要再穿高領衫，腿粗的不要穿超短裙，手臂粗的別穿無袖上衣，腰部有贅肉的別非得勒個腰身出來；有漂亮鎖骨的盡可以穿大領口衣服，肩膀、手臂線條美的就穿細肩帶，胸部豐滿的可以適當露一下乳溝，腿長而直的可以放心穿短裙、短褲。

性感不一定非要露、非要透，不是妳露得多就性感了，露多了很容易流於低俗。動人春色不需多，萬綠叢中一點紅，只要把自己身體最漂亮的部分強調出來，就算是成功了。一抹粉頸、一截藕腕，春光乍洩間就是萬種風情，散發著熱辣的誘惑。

思想犀利獨到謂之辛辣

虛有其表的女人再漂亮也不過是個花瓶，有思想、有內涵的女人可就值得去欽佩了。

思想犀利獨到的女人，往往有著很強的邏輯理性思維，可以在繁雜的事情中，抽絲剝繭找到問題的主要矛盾；可以在面對一團剪不斷的亂麻時，提出超越常規的建設性意見；可以在看似平凡的狀態中，看到隱藏著的問題。

這世上美麗的女子很多，犀利辛辣的女人就明顯稀少了。女人做到這一步，必定得有廣博的學識和豐富的經歷做基礎，有智慧，善於分析總結。「名門痞女」洪晃就可以算得上是個辛辣的好例子，身為喬冠華和章含之的女兒、陳凱歌的前妻，也許她一開始出名有些因素是源於她非同一般的出身背景和婚姻，但後來的名聲大噪則完全歸於她的辛辣和叛逆了。如果認真研究她的文章和言談，可以發現這是個真正有見地、有深度的女人，直率、大膽、尖銳，真正做到了「嬉笑怒罵皆文章」。

像洪晃這樣顯露高調犀利的女人，很容易遭人詬病，因為在很多人的觀念裡，女人就該是隱忍的、膚淺的。如果只想做平凡人而非鬥士，那犀利也就要視人而定了，原則就是小處犀利大處寬容。因為太聰明的女人，太有思想、太有主見，目光太犀利、作風太獨斷，別人就會對妳心生敬畏與罅隙，提防著妳、排擠著妳。而小處犀利大處寬容，就類似小女人的任性，更容易被諒解。真正的辛辣，放在心裡自己知道就好，不用什麼都擺出來任人觀瞻。

手段乾淨俐落謂之老辣

每每看到歷史類、政治類小說，和反映宮廷、官場鬥爭的影視作品中那些玩轉政治、手握著生殺大權的女人們，都會在心裡暗暗感嘆，真是驚心動魄啊！一詞一句裡都可能埋下禍端和殺機，一個眼神、一個對話裡，都可能有無數的較量、所有的機鋒與爭鬥、所有的陰謀與陽謀。就好像高手過招比拼的是內力，不動聲色間就已經扭轉乾坤。

有些人就有這樣的本事，在別人行動前已經預知並且做好了準備，或者在別人行動前就已經給自己留了後路，甚至輕輕的就給化解過去，真正做到了四兩撥千斤。她們可以影響別人按照她們的意願行事，她們可以利用別人為自己造勢，她們可以左右逢源、遊刃有餘，她們可以讓別人心甘情願為她們賣命而無怨言，她們可以輕鬆化解危機，舉重若輕。就如同《新龍門客棧》裡，大漠中身披龍門客棧招牌的老闆娘金鑲玉，她風情萬種、潑辣豪爽，做的卻是人肉包子的生意，憑著老辣的手腕在屬於男人的世界裡恣意遊蕩。

其實在現實生活裡也是一樣，雖然表現得沒那麼誇張、明顯和戲劇化，但競爭和計謀是無處不在的，對什麼樣的人採用什麼樣的態度，對什麼樣的事情採用什麼樣的處理方式，處處都體現著妳的心機和技巧。

1995年迅速走紅的「辣妹合唱團」，一度成為20世紀九十年代末期全球青少年最喜愛的偶像，而組合裡最有名的就屬維多利亞（Victoria Caroline Adams）了，也就是貝克漢的妻子。她一直都是走在時尚潮流的尖端，為了維持美麗無所不用其極，美國《US》週刊曾踢爆她是人工美女，「兩頰抽脂、下唇定期注射膠質、前額拉皮令眉尾挑高」，可見其愛美之極致。每次看到她最新的時尚照和生活照，看到她腳下從不脫下誇張的尖細高跟鞋，看到她一絲不苟的精緻裝束，看到她冷酷嚴肅的眼神，都會覺得這真是一個對自己要求嚴格到近乎虐待的人物，是一個為了達到目的狠得下心的人物。她無疑是成功的，在「辣妹」時期她俏皮熱辣橫掃樂壇，愛情上她征服了萬人迷的足球帥哥貝克漢，結婚後還保持著頻繁的話題率和上鏡率，成了娛樂界、體育界最具盛名的夫妻搭檔，一併把貝克漢也塑造成了引領風尚的指標。

辣妹維多利亞的身上不僅有辣的成分，更有狠的成分。她不僅出狠招維持著自己的身材和美麗，還出狠招維護著自己的家庭。她非常冷靜和清醒，甚至在被她親手塑造出來的超級好男人與助理雷貝卡有了私情之後，她也沒有做出什麼出格的舉動。短暫的沉寂之後，大家又看到他們夫妻倆容光煥發的親密出遊，維多利亞微笑著說：「我和貝克漢在家庭內部解決了這個問題，我們依然很相愛，我們的婚姻依然很牢固。」她和貝克漢兩個人之間的愛情，是否深到了足以經得起任何打擊，我們並不知道也無從揣測，但顯然兩個人都很清楚「出軌事小，婚姻事大」。他們兩人在這個婚姻裡都可以獲得巨大的利益，維多利亞需要藉助貝克漢，滿足女人的虛榮心並且實現進軍美國市場的夢想，而貝克漢需要維多利亞的精明算計和精心策劃。強強聯手的雙贏組合，真是非常牢固的。

總而言之，女人就是要柔媚在外而狠辣在心，一邊盡情張揚著女性的柔美，一邊耍著狠辣的手腕，把想要得到的人、想要得到的利益、想要得到的幸福統統劃歸自己的石榴裙下。

Chapter 3

「狠」有品質的生活

妳想過什麼樣的生活？是那種窩在家裡衣衫不整、蓬頭垢面，戴著大黑框眼鏡對著電視百無聊賴的乾物女，還是精緻無瑕、在眾人膜拜的眼光中瀟灑來去的美麗女人？如果妳覺得妳現在的生活很完美，那麼好吧！請馬上把這本書丟進垃圾桶；但是如果妳對現在的生活有些許的不滿意，妳希望生活得更燦爛、更有品質的話，趕緊往下看吧……

第一節　光鮮亮麗狠字開道

靳羽西有句名言：「世上沒有醜女人，只有懶女人。」這個數十年如一日留著她標誌性童花頭、塗抹著鮮豔口紅的女人，稱不上漂亮，也早已經不年輕，但偏偏看起來總是那樣精緻，讓人覺得她這句話實在是為了讓天下女人更精神煥發，而非推銷自己的化妝品。確實，雖然人類一直處於進化之中，臉孔是越來越端正可愛，但畢竟絕大多數人也只能算是中人之姿，即使是天生麗質難自棄，如果疏於保養、懶怠梳妝，也難免落個黃臉婆的下場，所以要想容光煥發、青春永駐，適當的保養和修飾是少不了的。

我們平時接觸到的最令人嫉妒的女性形象，恐怕就是那些女明星了。不論是雜誌照還是出席活動，永遠是光鮮亮麗，身材數年、數十年如一日的好，即使做了媽媽都能急速瘦身，臉孔和皮膚也都恰到好處、吹彈可破，時光似乎在她們身上留不下痕跡，甚至比剛出道時更嬌媚可人。妳是否曾經覺得上天不公平？妳年紀輕輕就一身贅肉，皮膚乾燥、長痘、滿臉痤瘡或滿臉油光，髮質乾枯分叉沒有光澤，穿什麼衣服看起來都不夠搶眼、不夠高雅……要收穫就得先付出，妳總聽說過那些女明星們是怎樣維持美麗的吧！為了減肥長年不吃主食，抽脂、中藥、按摩、針灸，更有甚者在腸子裡養蛔蟲、喝利尿劑等等，為了讓臉孔完美而削下巴、墊鼻子，開眼角、割雙眼皮，去斑漂唇、做烤瓷牙，還有那些注射肉毒素、植入金絲等高科技，更遑論日日高級護膚品的保養、香薰SPA。美容大王大S就曾經說：「想要毒死我很容易，只要告訴我喝了這個會美我會毫不猶豫的喝下去。」大S對於美的追求可以說已經到了偏執的地步，拿自己當試驗品試用所有可能生效的美容方法和美容儀器，還曾經連續三個星期每天只吃一根香蕉；葉倩文曾經洗腸減肥，把喉管插入肛門，然後灌入大量藥水將體內廢物和毒素排出；鄭秀文減肥減到渾身是病；葉玉卿在肚子裡養蛔蟲，讓蛔蟲吃掉身體的營養；張柏芝冒著患心臟病和腎臟病的危險服用利尿劑瘦臉；瑪麗蓮夢露為了細腰，靠手術取掉了最下邊的兩根肋骨……要不怎麼說最毒婦人心呢？為了美麗，女人對自己居然可以狠到這個程度。

當然了，對我們一般人而言，為了美麗而損傷健康是得不償失的，我們也沒有必要非得把自己的美麗潛質挖掘到極致。但是要想在人群裡跳脫出來，要想別人看到妳時眼前一亮，要想給人留下最好的第一印象，要想盡情享受做女人的滋味，把自己妝點得光鮮亮麗是最基本的，人都是膚淺動物、視覺動物，再深的內涵沒有誘人的外表也乏人問津。所以要想亮麗搶眼，就得狠下心來，讓自己在健康的前提下盡情綻放美麗。

不管是減肥、美容或者穿著打扮，女人對自己狠一點實質上也就是對自己好一點，要做到這幾狠：第一狠，狠下決心：妳有多堅定，就有多接近自己的目標；第二狠，抵抗誘惑：把誘惑全都當做威脅美麗的洪水猛獸吧！把它們都禁錮在永不見天日的地方；第三狠，持之以恆：美麗是一門要堅持到老的課程，不可三心二意，不可中途退縮；第四狠，捨得為自己花錢：賺錢就是為了享受更美好的生活，把錢花在自己的美麗上是件很有意義的事情。

身材篇

宋玉在《登徒子好色賦》裡這樣描述鄰家女兒：「增之一分則太長，減之一分則太短。」而女人看女人自己呢？則是：不減一分則太胖，不增一分則太瘦，永遠沒有恰到好處的時候，一邊羡慕其他女人波濤洶湧的S型身材，一邊捏著腰裡的一點贅肉發愁怎樣能把它給甩出去。

為什麼要減肥？一是為了健康，肥胖之人會遭受更多疾病的威脅和困擾：脂肪肝、高血壓、糖尿病、心臟病等等，而且肥胖人的行動能力和反應能力會相對較差，所以僅從身體的健康角度考量，也得盡量把體重維持在正常範圍內，最多不要超過標準體重的20%。二是為了美麗，這其實是多數女人的目的，因為很多身材已經很標準的女人，也依然在不懈的嚷著要減肥。這個層面的其實叫做塑身更準確一點，能讓自己有更妖嬈的體態和挺拔的身姿。

減肥是女人一生的事業，雖然近幾年流行風潮已經不再青睞排骨魔鬼型的身材了，大家逐漸都意識到了健康比苗條更重要，但是女人的苛求心是沒有止境的。減肥是狠心之人的運動，妳想想！贅肉是很頑固的，手段不狠一點怎麼能減得下來？雖然現在有很多號稱很溫和的減肥方法，但是假如妳的決心不夠狠，很容易就會半途而廢前功盡棄。看過劉德華和鄭秀文主演的《瘦身男女》吧！想瘦身成功就得拿出那個狠勁來。

減肥絕對是件非常考驗人毅力和自我控制力的事情，方法不對不行，意志不堅定不行，自制力差了不行，狠不下心不行。妳是否擔心自己無法將減肥進行到底呢？試試以下幾種小辦法，可以幫助妳堅定信心，在動搖時不放棄。

1．去商場挑一件妳最喜歡的衣服，但是買小一號的，然後把這件衣服掛在衣櫥最顯眼的位置。

2．拍幾張漂亮的照片，挑選苗條一點，沖洗出來擺在桌上，給自己一個具體的美麗的憧憬。

3．列舉肥胖會給人帶來的疾病和種種不方便，寫在卡片上，放在抽屜裡，經常拿出來看一下。

4．拉妳身邊的肥胖朋友和妳一起減肥，這樣可以互相切磋、互相監督、互相鼓勵。

5．每天起床和睡覺前都大喊三遍：「我要減肥、我要堅持！」給自己足夠的提醒和心理暗示。

時尚辣美眉的減重戰鬥指南

要做時尚熱辣的潮流人，運動當然也要夠辣夠味。想讓自己看起來與眾不同嗎？在女性天生的陰柔氣息裡添加一些陽光、矯健、活力的因子，是個很好的辦法。

游泳：游泳很普及，但從來都不會過時，而且老少咸宜，適合所有年齡層，對肥胖人來說更可以避免對身體關節尤其是膝蓋和腳踝過大的壓力，不容易造成運動傷害。對女人而言，游泳還是個很好的自我展示的機會，因為游泳妳得穿泳衣啊！女人的愛美心理會逼著妳迫不及待的要把贅肉減掉，有壓力才有動力啊！當終於有一天妳可以心安理得的穿著比基尼遊蕩時，心裡就偷偷美的冒泡吧！

散打、跆拳道：不要以為散打只是男人的專利哦，女孩子練一下不僅修形，還可以防身呢！跆拳道更不用說，可是現代女性中極其時尚的運動。這兩項運動可以提高妳的體能和反應能力，增強身體的協調性和力量，更能讓妳增添幾分英姿颯爽的味道。

搏擊操：這是一項集合了拳擊、空手道、跆拳道，甚至一些舞蹈動作的混合運動，配合強勁的音樂，風格獨特。搏擊操由於爆發力強，肢體伸展幅度大，運動量比傳統的健美操要大很多，不僅是種很有效的瘦身運動，更是一項時尚的減壓運動。

擊劍：妳是否覺得做一個琴心劍膽的遊俠是件很浪漫、拉風的事情呢？小時候也許這還僅僅是個幻想，但現在隨著大眾健身的發展，越來越多的擊劍館出現在我們的生活當中，當一名劍客不再是可望而不可及的事情。擊劍運動結合了有氧運動和無氧運動，能夠塑造腿部線條和腰腹線條，而且練習中要穿著厚厚的三件套式擊劍服，利用它來減肥塑身可是比包保鮮膜、搖呼啦圈明顯多啦，而且既有型又有趣，夠時尚也夠個性。

舞蹈：提到舞蹈妳會想到什麼呢？悠揚或奔放的音樂？還是柔美或誘惑的舞姿？其實不只如此，舞蹈可以消耗人體大量的熱量，令心跳上升到每分鐘120次甚至更多，它的功效等同於任何體力訓練和有氧運動，有助於形成優美的身姿和漂亮的肌肉，並且可以提高妳的身體協調性和音樂素養，讓妳舉手投足間充滿了韻律的美感。爵士舞娛樂性強、動作幅度大而且誇張，主要鍛鍊腹部、身體上部、腿部和腿後肌，對改善身體線條很有效；Salsa熱情性感，有很多旋轉和全身性動作，主要針對髖部、腰部、臀部和大腿內側，剛好是其他運動比較難鍛鍊的部位，有緊實腰部的奇妙效果；芭蕾舞飽含藝術魅力，主要鍛鍊腹部和腿部，還有不少肩背和手臂的動作，特別適合辦公室女性；踢踏舞節奏感強，可以鍛鍊身體協調性和靈活性，有效減少腿部尤其是小腿肚的脂肪。

滑雪：滑雪是屬於冬天的運動，尤其是露天的自然雪場，呼吸著冰涼的清透的空氣，讓身體順著蜿蜒的雪道飛馳而下，那真是一種心曠神怡的體驗。滑雪可以讓腿部肌肉得到充分的鍛鍊，提高對四肢的控制能力和平衡能力，增強心肺功能。尤其是單板，還可以做出很多很炫的花式動作，當妳在白雪皚皚裡像一隻飛舞的蝴蝶，絕對讓男人都對妳刮目相看哦。

登山：戶外運動裡的登山一開始是項男人運動，因為其艱苦、危險和環境的不可預知性。但世上最雄奇瑰麗的景觀往往都在人跡罕至之處，當妳站在山巔，看到的將是大部分人一輩子都不會看到的風景。登山是有氧運動，鍛鍊全身和心肺功能，而且能夠放鬆妳的身心，緩解緊張情緒，開闊視野和胸懷，培養堅毅的性格，似乎登山帶來的精神享受更勝於它的燃燒脂肪效果。登山可以把女人身體裡堅強、柔韌、豁達的一面都激發出來，雖然登山時無暇顧及形象，但足以讓妳身邊的男人和妳自己都感受到女人的另一種魅力。

騎馬：西方國家有這樣一句話：「騎馬的不一定都是貴族，但貴族一定都是騎馬的。」騎馬做為一項時尚運動，已經吸引了大批熱愛者。它可以鍛鍊身體的敏捷性與協調性，尤其鍛鍊腿部力量。日常工作中，血液總是集中在上半身，但騎馬後能使它流注到全身，幫助血液循環。這項運動給人帶來的不僅是身體上的健康和心理上的提升，對人的高雅氣質、貴族風範的形成也有著不可替代的作用。另外還有很重要的一點，騎馬的裝束也比較美觀時尚，妳既可以打扮成高貴典雅的公主，也可以打扮成英姿颯爽的刁蠻風格，那些馬褲、馬靴、披肩、手套，在每年的流行服飾裡都可以找到它借衣還魂的身影哦。

美容篇

女人為了自己這張臉，可真謂無所不用其極，美白的、去皺的、去斑的、補水的……可謂是路漫漫其修遠兮吾將上下而求索，又可謂是生命不息戰鬥不止，活到老美到老。現在更是整容成風，下巴要尖尖尖，眼睛要大大大，鼻子要挺挺挺，總之不完美的我不要。整容痛不痛？當然痛，可是為了美麗，女人可以對自己狠一點，再狠一點。妳又想變美麗又想不吃苦，世界上哪有這麼好的事，沒有一番死去活來的折騰，哪能換得天使臉孔。

美容是個有很高技術含量、需要長期堅持的事情，它並不太難，只要妳把自己當作小白鼠，日復一日，年復一年的重複著那單調的護膚程序，嚴苛的堅守著讓自己變美的重重守則，那麼終有一天，妳會驚喜的發現自己的改變。整容則不一樣，狠女人才敢選擇這樣的方式，它需要的是壯士斷腕、視死如歸的決心。但正因為其夠狠夠辣，所以當妳脫胎換骨重現人間的時候，才能贏得足夠多驚豔的目光。只是有一點，當妳狠下心來打算孤注一擲的時候，狠則狠矣，一定要三思而後行，因為這條路可沒有回頭的機會了，所以再狠辣，也該是武松的粗中有細，別成了莽張飛的顧頭不顧尾。

其實，女人愛美麗是個值得提倡的生活態度，最起碼說明妳愛自己，對生活有熱情，對感情有期待，對美化市容市貌也有相當的貢獻。美麗的女人無疑是城市中最亮麗的風景，使這個世界不至於太過無趣。

服飾篇

服飾是一個人的名片。初次見面，能給別人留下第一印象的是哪裡？除了妳的眼神、言談、姿態之外，就是服飾了，它從某種程度上說代表了妳的風格、品味，甚至性格。有個知名獵人頭公司就曾經說過，看一個人怎麼穿著打扮，就能知道他是個什麼樣子的人，知道他會怎樣對待他的工作，知道他以後大致能爬到怎樣的位置。

1．一定要狠得下心花錢買

品味是什麼？品味是靠錢砸出來的。世界上那麼多知名的品牌，每個品牌又有那麼多的設計師、市場調查、策劃運作，不要以為這些人是吃白飯的，這些專業人員當然擁有比我們更敏感的流行觸覺、更高雅的格調、更深的美學基礎。一件名牌服飾，哪怕是三線品牌，它的質料和裁剪都是有保證的。有些看起來很簡單，花色也不招搖，但穿在身上妳就會感覺到它在每一個曲線裡的熨貼，它在每一個細節裡的心意，它會讓妳有信心抬首挺胸的穿出去。不管這是品牌給妳的底氣也好，是衣服本身給妳的感覺也罷，總之它會在一件衣服遮體保暖的本職之外，還給妳錦上添花的效果。

尤其是基本款和禮服款的服裝，是所有女人的衣櫥必備品。基本款可能每天上班都要穿，樣式不需要花俏，但一定要經典大方，禮服款妳也許一年穿不了一兩次，但一旦有需要就都是華麗或者莊重的場合，最重要的是要夠大器壓得住場。這些錢都是不能省的。

即使有幾個衣櫥的衣服，整個鞋櫃的鞋子，一堆的包包，女人還是覺得出門時沒有衣服穿、沒有鞋子配。有幾個女友就經常向我抱怨平時還好，隨便搭配一下就可以出門，真正到了正式場合，商務晚宴、公司年會、雞尾酒會，就總也找不出可以穿的衣服了。這時候妳看一下她們的衣櫥吧！十之八九也是塞得滿滿的，但是沒有幾件是可以撐得住場面的。女人有一個致命的弱點就是貪小便宜，經常會在打折的誘惑下，買很多根本不適合自己的衣服：顏色不適合、款式不適合、風格不適合、場合不適合……於是每當到了需要妳隆重登場、華麗亮相的時候，妳就忽然發現每件衣服都那麼露怯、那麼洩氣。

女人都虛榮，而虛榮很多時候就是靠金錢和金錢的衍生品來獲得滿足的。穿一件一百元的衣服和一件一千元的衣服，差別不只在款式、質料上，妳自己的心態就是不一樣的。好的衣服不僅修飾妳的身材，還可以給妳提氣，給妳壯膽，讓妳信心滿滿的去展示自己。所以，在自己的經濟承受能力之內，一定要置辦幾件撐場面的服裝，關鍵時刻才不會面臨無衣可穿的尷尬。

2．一定要厚得下臉皮去試

很多年以前還經常有這樣的橋段流傳：某人物去高檔商場購物，因為衣著樣貌等原因被售貨員看扁，氣憤之餘甩出一把堅挺的現金，眼睛都不眨的買下最貴的商品。這樣的橋段在現在看來簡直就有點憤世嫉俗，錢再多也不是天上掉下來的，犯不著為了所謂的面子賠了自己的銀子去提高人家的營業額，更何況衝動之下的消費，估計根本就是不適合自己的東西。不可否認直到現在還有一些品牌專櫃的營業員把眼睛放在頭頂上，說實話我一直都不明白她們的優越感是從哪裡來的。話說回來，買衣服、鞋子是一定要試的，每個品牌的版型都各有特點，適合不同體型、特徵的人群，即使標了同樣的尺碼，細節的尺寸也都是不一樣的，所以一定要試，而且要仔細的試，即使遇到有著莫名其妙優越感的營業員也一定要試，她如果撇妳兩眼或者瞪著妳看，直接當她透明或者使勁瞪回去，她如果敢對妳出言不遜，對不起，本姑娘也不是吃素的，直接投訴。錢是自己的，不能太吝嗇可是也不能浪費，跟誰過不去都別跟自家銀子過不去。

試穿的時候有幾點一定要格外注意：

1、細節處的尺寸、剪裁是否合身熨貼，尤其是肩膀、肘部、胸部、腰部。

2、注意觀察顏色是否能襯托妳的膚色，顏色有很多種，要找出最適合妳的。即使同一個色調裡的顏色，深淺、飽和度、純度略有差別都有可能營造出不同的效果。

3、款式、花色是否符合妳平時的風格。除非妳買這件衣服純粹是為了嘗試和改變，否則不要購買跟自己風格差別很大的衣服，不然妳很容易會有種穿了別人衣服的感覺，而且比較不容易和已有的服飾、鞋子、包包搭配，成為雞肋。

4、注意質料。棉、麻、真絲、化纖、呢絨、皮革等等，每種質料都有各自的特點，也有不同的洗滌和保養方法，所以質料也是需要考慮的一個因素。如果妳是家事高手那當然不必費心，如果是個逍遙的懶散派就不要選擇真絲類質料，洗滌和存放都能讓妳頭大，如果是個自然派，棉、麻織物就最適合。

3．亮出自己的特色

李淼格外鍾情藍色，自從她掌握了自己買衣服的能力之後，她的衣櫥裡就全都是深深淺淺的藍了，靛藍、寶石藍、孔雀藍、天藍、海藍、粉藍……簡直就是一片藍色的海洋，至於包包、絲巾、帽子也必定點綴著藍色。成為藍精靈的結果就是她所有的朋友都知道她對藍色的癡迷，於是送禮物也都挑藍色的，讓她變本加厲。還有一個好處就是，她幾乎永遠都不用擔心搭配的問題，只要服裝風格沒有南轅北轍，就可以放心的拉出來穿上身。藍色，成就了她的隨性與浪漫。

富豪名流們為什麼要花天價去購置訂做名牌、限量品？為的就是那份獨特、尊貴，所謂物以稀為貴嘛。我等平民老百姓自然沒有機會、沒有財力去接觸那些雲端之上的消費，不過把平價衣服穿出自己的風格、穿出獨有的味道也是件挺有成就感的事情。

穿衣風格有很多種，可愛型、浪漫型、民族型、簡約型、職業型、妖嬈型等等，每個女人從小到大的過程裡，大都嘗試過不同的風格，然後會逐漸的穩定在最適合自己的種類上，這跟女人本身的外形條件有關，也跟性格、愛好和職業有關。方臉寬額的女人自然不適合做卡哇伊狀，柔和瓜子臉的女人即使做了中性打扮也會一眼被人看穿；性情開朗活潑的女子不會日日穿著嚴肅的黑、白、灰，生性內斂冷漠的女子也不會大紅大綠的往身上穿；做行政、人力資源、文秘的當然要穿得專業收斂一點，而從事時尚、設計行業的人就得緊抓潮流突出個性。一旦固定了一兩種風格，妳會發現服飾也就成了妳的一種符號、一種標誌，就好像固定用一種香水、梳一種髮型一樣，在人際圈裡把自己鮮明的展示出來，成為一張亮眼的名片。

第二節 狠心向壞習慣說Bye-bye

在這樣一個充斥著競爭和壓力的社會裡，越來越多人陷入亞健康狀態；在這樣一個空氣污濁、作息混亂的環境下，在這樣一個燈紅酒綠充滿了誘惑的都市裡，妳是否還在堅守著某些原則？妳是否在觥籌交錯中迷失了自我？

哪些壞習慣會毀了妳的健康美麗？

1．作息不規律

日出而作、日落而息，這是人在進化過程中固定下來的一種生存模式。我們不像老鼠、貓頭鷹那樣，晝伏夜出是有充分的理論根據和生物特性依據的，我們有著和牠們不一樣的生理時鐘，我們腦袋裡的松果體透過感受光線來調節睡眠和情緒，我們需要靠黑夜裡的深度睡眠讓身體和頭腦得到徹底的放鬆和休息。如果妳總是打亂身體的節拍，那麼它本身的調節機能就會處於無所適從的狀態，給妳搞個生理時鐘紊亂、內分泌失調的下場出來，那時候妳的臉色暗淡、皮膚鬆弛、皺紋增多、斑點暗瘡叢生，甚至精神緊張、反應遲鈍、情緒不穩，就都是理所當然的事情了。

長期睡眠不足會影響大腦的創造性思維和對事物的認知、處理能力，加速皮膚老化，降低免疫力；而睡懶覺則會使大腦皮層抑制時間過長，引起一定程度人為的大腦功能障礙，導致理解力和記憶力減退，還會使免疫功能下降，擾亂肌體的生物節律，使人懶散，產生惰性，同時對肌肉、關節和泌尿系統也不利。

對成年人而言，雖然有個體差異，但一般需要保持每晚八小時的睡眠。怎樣判斷自己睡眠是否充足呢？清晨起床時能很快清醒過來並感覺神清氣爽、精神狀態舒緩平穩，不焦慮、不急躁、沒有黑眼圈，皮膚有自然光澤，比睡前皺紋淺淡，反應迅速，記憶良好。

有些公司會在冬、夏兩季調整上下班的時間，這個是很符合中國的傳統理論的。起居作息符合自然界陰陽消長的規律和人體的生理常規，可以避免引起早衰與損壽。古代養生家認為，春夏養陽、秋冬養陰，所以春季應「夜臥早起，廣步於庭，被發緩形，以使志生」；夏季應「夜臥早起，無厭於日，使志無怒，使華成秀」；秋季應「早臥早起，與雞俱興，使志安寧，以緩秋刑」；冬季應「早臥晚起，必待日光，使志若伏若匿，若有私意，若有所得」。

2．飲食不規律

飲食不規律包括兩個方面，一個是時間不固定，一個是食量不固定。工作忙起來顧不得吃飯，就等忙完了再吃吧！文胖了兩斤，這幾天不要吃東西了；今天的餐點不合胃口，隨便吃兩口餓不死就算了吧！晚上聚會吃大餐……妳是不是經常這樣想、這樣做呢？如果答案是肯定的，那就趕緊先去醫院做個檢查吧！看看妳的腸胃是否已經積蓄力量打算給妳點顏色看看。胃液的PH值為0.9～1.5，其主要成分是HCL，酸度還是很大的，如果不注意保養引發胃酸過多、胃炎、胃潰瘍等等疾病，就不是一天、兩天可以治癒的了。

3．菸酒過度

抽菸喝酒的壞處我想不用說天底下人也都知道，但是心裡知道是一回事，能否經得住誘惑則就是另外一回事了。菸、酒都是讓人上癮的東西，妳還別不承認，尤其是每天菸要抽半包以上的、酒每天都得喝一口的，妳如果覺得自己還沒上癮妳就戒戒試試，保證兩三天就讓妳坐立不安、手足無措。

世界衛生組織的報告顯示，抽菸對人類的危害是多方面的，主要導致哮喘、肺炎、肺癌、高血壓、心臟病和生殖發育等，尤其對女性來說，抽菸造成的危害比男性更大。抽菸的女人皮膚比同齡人更加衰老，皺紋多、色澤灰；抽菸導致女人生育能力降低、易流產、分娩嬰兒的畸形率增高、乳汁分泌減少；易患中風和癌症。

飲酒過量會引起很多健康問題，可以直接導致胃出血、胰腺炎、胃功能紊亂等，因為酒精透過肝臟代謝，還容易引起肝炎、肝硬化、肝癌，並會損傷大腦和神經系統。另外酒精還是一種利尿劑，會使腎臟對水的吸收減少，尿量大為增加，喝下一杯啤酒，會產生三杯的尿液，所以喝酒容易讓身體尤其是大腦脫水，而大腦脫水會導致覆蓋它的硬腦膜變形，硬腦膜分布著疼痛感受器，它的變形會引發痛感。酒後人們常常會感覺頭痛，甚至酒醉睡了一夜後仍然頭痛，就是這個原因。尤其是女性，在月經期間飲酒引發肝損害或酒精中毒的機率比男性多一半，還可能導致月經量增多和痛經。

俗話說菸酒不分家，這是比單獨喝酒或抽菸更加有害的習慣，它會加重酗酒程度，容易誘發食道癌和鼻咽癌，並且加倍對心血管和肝臟的損害。女性開始抽菸的誘因一般有幾個：覺得很酷、工作應酬需要、吸引男人、解除煩躁。女人抽菸到底酷不酷？大家青菜、蘿蔔各有所好，並無定論，但根據曾經公布的一個對婚齡單身男人的調查來看，即使他們之中有人覺得女人抽菸很酷，也有絕大多數的人明確表示不會娶一個會抽菸的女人回家。至於工作應酬需要，只要是正規的公司和客戶，抽菸這種事稍微推一下不會引起什麼動盪，至少我只見過灌酒的還沒見過拼菸的。而且工作也是要以健康為基礎的，如果健康沒了，妳賺再多的錢也只能拿來買藥。至於想要藉此解除煩惱，李白早在唐朝就已經給出了答案：「抽刀斷水水更流，舉杯澆愁愁更愁。」菸酒都是消極的分散注意力麻痺神經，對於現實的狀況根本毫無助益。

4．不正確的身體姿勢

「站如松、坐如鐘、行如風、臥如弓」，這是我們的老祖宗早就總結出來的關於人體姿勢的經驗之談。不良的姿勢會妨礙形體美，並且會造成骨骼關節和神經的壓迫，繼而引發種種疾病。一個美的形體應該是脊柱正直，從上到下不偏不倚，左右對稱，從側面看，頸部和腹部稍微往前彎，胸部稍微後突，對女人而言就是常說的S型身材。人體各主要骨骼譬如脊椎、肩骨、頸骨和四肢骨骼等附近都布滿大量血管和神經，而正確的姿勢可以改善血液循環，加強神經訊息的傳遞，使動作敏捷協調，在日常行動和體育運動中減少受傷的機會。

站立姿勢：抬頭挺胸，收下巴，直腰收腹，兩臂自然下垂，兩腿略分開保持平衡，身體重心在兩隻腳中間腳弓前端的位置上。

行走姿勢：保持直腰板，肩略向後扳，收腹，兩臂自然擺動，步伐均勻，用大腿肌肉力量帶動小腿。盡量少穿硬底和高跟的鞋子，因為有適當彈性的鞋底會在腳落地時起到緩衝作用，減少對腳踝和膝關節的衝擊，鞋跟以三到五公分最為理想。

坐姿：上身保持站立姿態，雙膝靠近，兩小腿不要分開過大；看電視或讀書、寫字的時候注意不要前傾、不要駝背、不要蹺二郎腿。最好坐直靠背椅，使臀部接觸椅背，讓脊椎得到適當的休息。

睡眠姿態：人在睡眠狀態下，身體各組織器官大多處於休整狀態，良好的睡眠可以消除疲勞、恢復精力。側臥時全身四肢肌肉呈鬆弛狀態，利於消除疲勞。睡眠的姿勢最好是右側臥，微曲雙腿，全身放鬆，也就是「臥如弓」。這樣的睡眠姿態心臟位置比較高，有利於減輕心臟負擔，並且肝臟這時候位置較低，可以獲得較多供血，有利於促進新陳代謝。另外仰臥也是種比較科學的睡眠姿態，但要注意不要將兩手放在胸口部分，防止壓迫造成心、肺負擔，引起夢魘。

隨著電腦的普及，大多數人的工作需要長時間使用電腦，使用電腦的姿勢不正確也經常會給我們帶來額外的病痛，集中在上段胸椎、肩胛骨、盆骨和下腰椎這幾個位置。如果我們長時間斜著身體用電腦、兩手懸空、蹺腳等，脊椎會因為受到牽引而導致側彎，發生肩膀僵硬、脖子痛、腰痛、腳麻、手無力等症狀。使用電腦姿勢不正確，最容易造成的疾病是頸椎病、肩周炎和長時間進行滑鼠鍵盤操作引起的腕關節綜合症。

電腦工作的正確姿勢應該是：上半身保持直立，兩肩自然下垂，上臂貼近身體，手肘彎曲呈90度。操作滑鼠和鍵盤時應盡量使手腕保持水平姿勢，使用帶腕部軟墊的滑鼠墊。腰部挺直，膝蓋自然彎曲，雙腳著地，盡量不要交叉雙腳或蹺腳，以免影響血液循環。眼睛與螢幕保持一定距離，形成傾斜向下注視螢幕的角度，使頸部肌肉得到放鬆。使用電腦每隔一小時應當休息五到十分鐘，做做拉伸運動或局部按摩。

5．缺乏鍛鍊尤其是戶外鍛鍊

中國傳統的養生文化講究「春生夏長，秋收冬藏」，針對每個季節的特點，身體都有自主的調節機制，所以對於有些疾病還有「冬病夏治」的說法。可是如今社會越來越發達，夏天有空調，冬天有暖氣，我們大部分時間處於了溫度混淆、四季不明的環境裡，身體自身的調節機制退化，乍暖乍寒之間尤其容易生病。而在鍛鍊方面呢，健身？那是男人的事，女人可不要變得肌肉發達，女人應該是纖細的、柔弱的，於是理所當然的讓自己懶下來，工作之外的時間被學習進修、朋友聚會、泡酒吧、喝咖啡所佔據。

即使有些注意鍛鍊身體的，也大多選擇了進健身房，在有空調、有暖氣有自動通風系統的環境裡，對著一堆完全沒有感情和交流的機械流汗。是的，這種運動真的只是流汗而已，它或許鍛鍊了妳的肌肉，或許拉伸了妳的骨骼，或許燃燒了妳的脂肪，但是對心靈和大腦的維護是一種缺失。

我們太缺乏親近大自然的機會，我們需要陽光帶來的溫暖，需要呼吸雨後清新富含氧的空氣，需要讓恬淡的花香和飄渺的草香喚醒對生命最原始的熱愛。更重要的是，我們需要適度的鍛鍊給我們健康的身體，這是女人愛自己的一種方式。

6．反覆減肥

適當減肥不是件壞事，但如果胖了再減、減了再復胖，反覆減肥對身體的危害就比較大了。反覆減肥會使人體免疫力下降、導致新陳代謝紊亂、肌肉密度降低，並且降低細胞活力和對抗感冒、感染和早期癌細胞的能力。所以這裡就又回到了一開始的論點，減肥需要持之以恆的毅力來配合，既然決定減肥就要對自己狠一點，切不可半途而廢，切不可死灰復燃。

7．酷愛日光浴

曬太陽的行為是利弊共存的，好處是可以促進血液循環和新陳代謝，增強人體對鈣和磷的吸收，預防佝僂病和骨質疏鬆，預防皮膚感染，同時還帶來迷人的小麥色肌膚。而壞處就是頻繁或者時間過久的日光浴可能導致皮膚癌和提前衰老，譬如色斑、皺紋、皮膚鬆弛和毛細血管破裂等。所以日光浴也要適可而止，一定要記得塗抹防曬油或者橄欖油。喜歡日光浴的人們，要經常檢查一下全身皮膚有沒有新的黑痣出現，原有的痣有沒有變色、變形，發現問題可以隨時去看醫生。

8．經常處於噪雜的環境

喜歡搖滾樂的，喜歡聽MP3的，喜歡去PUB或者其他經常處於噪雜環境之中的人要注意了，趕緊檢查一下自己的聽力是否有所減退，耳邊是否經常嗡嗡作響。對於喜歡大聲放音樂和聽MP3的人來講，耳鳴是一種常見疾病。噪雜的環境容易造成聽覺系統對中波聲音接收能力下降，隨著年齡增長，對高波段的聲音也會反應遲鈍。

聽力的喪失是無法挽回的，一定要在一切還可以挽回的時候採取措施，少聽MP3，平時聽音樂或看電視或者接聽手機時，把音量調小一點，少進入噪雜的場合，如果不可避免可以帶上耳罩。

9．無保護性行為

性是一件很私人的事情，現在當然已經不再是禁慾時代，沒人可以對妳的性生活指指點點，但是珍愛自己總是沒有錯的。大多數男人都喜歡「無障礙」的性愛，他們排斥那個小套套，說是隔靴搔癢，但是女人們要懂得保護自己啊！由於男、女生理上的不同，女性更容易感染生殖器官疾病，同樣的病菌，男人可能只是攜帶而不會有症狀，但到女人這裡就不一樣了。根據研究顯示，高達75%的男性受到人乳突淋瘤病毒（HPV）的侵擾，並沒有明顯症狀，但如果得不到及時治療而傳染給女性，可導致子宮頸癌的發生。所以，不管是從避孕角度還是健康角度，無保護的性行為都是不負責任的行為。

10．攝取甜食過量

甜味是人類出生後首先接受和追尋的味道，喜歡吃甜食是人的一種本能反應。攝取適量的糖對維持機體正常生理機能有著不可替代的重要作用。糖可以提供機體能量，維持脂肪正常代謝，防止酸中毒，保肝解毒等。但如果長期大量食用甜食，會使胰島素分泌過多、碳水化合物和脂肪代謝混亂，引起多種慢性疾病如糖尿病、齲齒、心血管疾病等，還會使人的壽命明顯縮短。糖分的攝取量每天應該控制在40克以內，基本相當於兩大匙果醬，或一罐可樂，或幾塊小甜餅。

人體內的血糖濃度降低的時候，吃糖可以迅速補充，所以低血糖患者眼前發黑四肢發軟時，馬上喝一杯糖水是最簡單有效的方法。但是有些年輕女孩子清晨上學或上班來不及吃早餐，就帶幾塊牛奶糖或者巧克力，這種方法是絕對不可取的，姑且不說影響胃功能，長期空腹吃糖會對各種蛋白質的吸收有損傷，進而影響到人體各種正常機能。

11．蹺二郎腿

男人愛蹺二郎腿，有些女人也喜歡蹺二郎腿，而且還覺得蠻瀟灑有型的，其實是既不雅觀又不健康。蹺二郎腿會使腿部血流不暢，如果是靜脈瘤、關節炎、神經痛、靜脈血栓患者，蹺腿會使病情更加嚴重。特別是腿長的人或孕婦，很容易得靜脈血栓。

12．伏案午睡

現在的都市年輕人夜生活都比較豐富，上班時間又得遵守，就經常會有睡眠不足的現象，中午飯後一放鬆，睏意就上來了，怎麼辦呢？趴在桌子上小睡一下吧！注意，這又是個不健康的習慣。很多人在伏案午睡後會出現暫時性的視力模糊，原因就是眼球受到壓迫，引起角膜變形、弧度改變造成的。倘若每天都壓迫眼球，會造成眼壓過高，長此下去視力就會受到損害。

13．固定使用一種日常用品

也許妳覺得某一個牌子某一個系列的產品剛好適合妳，也許僅僅是由於慣性和惰性，就一直堅持使用同一種牙膏、洗髮乳、沐浴乳、護膚用品，這樣真的好嗎？長期使用同一種牙膏，牙膏內的藥物成分對某些細菌會有一定的抑制作用，但是，如果長期使用同一種，會使口腔中的細菌慢慢地適應，產生抗藥性，而且每種牙膏都不是全能的，有它顧及到的部分就肯定有忽略掉的部分，因此牙膏應該定期更換，洗髮乳、沐浴乳、護膚用品等其他日常用品也是如此。

14．諱疾忌醫

有些人自我感覺良好認為自己不會得病，有些人有點小病小痛不在意以為能撐過去，有些人身體不舒服但工作繁忙沒時間看病，有些人害怕反倒查出病來堅決不進醫院……結果呢？平時身體好的人病來如山倒，以為能撐過去的越撐越嚴重，沒時間的早晚要花更多時間住院。不管是出於哪種心理，有病不去醫院是不對的，撐著、躲著解決不了問題。

定期體檢和自檢都要堅持，防患於未然，不要等小病拖成了大病，得受更多的罪、吃更多的藥、花更多的錢、費更長的時間。

這些生活裡的壞習慣，有些是我們從來沒有注意，有些是注意到了但是不想去改變，有些是想改變但就是改變不了，於是這些壞習慣就日復一日的侵害並蠶食著我們的健康與美麗。

為什麼壞習慣很難改正呢？

1．禁果總是充滿誘惑。還記得小時候媽媽說不要爬樹、不要玩水，妳就偏要爬偏要玩，老師教育妳不要早戀，妳就偏想知道戀愛的滋味……那些被禁止的事情總會顯得格外有吸引力，亞當和夏娃吃了上帝禁止他們吃的蘋果，潘朵拉出於好奇打開了充滿著疾病、災難、罪惡等禍害的盒子，這也許就是人的原罪，一種戒不掉的天性。

2．單純為了戒而戒反而會讓妳總想著應該忘掉的事情。就好像一個古老的故事所說的，一位老人教會村民們點石成金的咒語和法術，並補充說唸咒語時不可以想喜馬拉雅山的猴子。村民們不明白點石成金和喜馬拉雅山的猴子有什麼關係，但在以後他們唸咒語的時候，每個人都會不經意間想起喜馬拉雅山的猴子，所以他們始終都沒能點石成金。

3．潛意識本身不承認錯誤。這是佛洛伊德的觀點，同樣每個精神治療師也都這麼認為。就譬如說勸妳「戒菸」，妳的潛意識可能會只留下「菸」；譬如別人告誡妳要冷靜、要忍耐，妳就更會覺得忍無可忍看什麼都火冒三丈隨時都會爆發；譬如別人告訴妳胖了該減肥了，妳要嘛一邊狠狠的報復性啃著巧克力一邊鄙視那個人，要嘛短暫減肥之後迅速復胖。

4．改掉壞習慣留下的空缺無從彌補。冰凍三尺非一日之寒，好習慣不容易養成，而壞習慣同樣不容易戒除。譬如妳泡酒吧的時候總是抽菸的，那麼戒掉之後妳可能連手該放在哪裡都不知道，譬如妳週末習慣睡懶覺，改為正常起床後不曉得該做什麼。這種空空的狀態會讓人很想念那些被壞習慣填滿的日子。

狠心告別壞習慣

1．對自己要先有個正確的認識，拋棄不切實際、自以為是的自我觀念，學會審視自己、檢討自己。人不是生活在真空裡的，必須要融入妳身邊的環境和人群。對於那些有害健康和美麗的壞習慣也是，妳必須主動的認清這些對妳自己、對身邊的人會產生的影響，然後自動自發的決定要改變，這才是一個正確的態度。如果只是別人說妳該怎麼怎麼樣了，妳表面上覺得別人說的對，但內心裡並沒有擺在一個重要的或者深入的位置，妳會覺得「雖然我不滿現狀但沒有真的打算改變」、「這只是釋放壓力的一種方式，即使我並不很喜歡」、「偶爾的放鬆是沒什麼的，反正別人不會在意」……那妳的改變計畫就很容易失敗。

2．要樹立一個期望值，看到積極的結果，摒除心理上天生的抗拒感。要改變壞習慣當然會掙扎、痛苦，重要的是妳對此的期望值究竟有多高？妳是不是確信是妳自己要立志改變而不是父母或朋友的嘮叨？妳是否在不自覺的給自己找藉口？喚醒妳渴望改變的最好辦法是，設想一個畫面，包含改變給妳的生活帶來的所有積極效果，妳可以盡情想像壞習慣的改變所能帶來的新的可能性：停止抽菸會剩下一部分金錢，這些錢妳可以用來買其他喜歡的東西；開始健身會讓妳體態均勻消耗能量，妳就可以偶爾吃點以前嚴格控制但很喜歡的巧克力和甜點；停止飲酒和熬夜，妳會更加精神煥發，皮膚細膩有光澤，即使不去美容院也依然會讓男人留戀、女人羨慕等等。當妳沉浸在一個遠比當下生活更有誘惑力的想像中時，就會生出無窮的動力，只要妳自己願意，堅持下去就能做到。

3．遠離那些壞習慣的誘因和源頭。據說吸毒的人對毒品有著極為敏銳的感覺，即使他到了一個陌生的地方，直覺也會指引著他找到當地有毒品販售的場合。為什麼吸毒的人很難戒除？為什麼戒毒的人復吸率很高？一方面是因為毒品會讓人心理、生理上都上癮，另一方面是因為一旦從戒毒所回到熟悉的環境，就會引燃已經熄滅了的火苗和渴望。對付壞習慣也要注意，一是遠離危險地帶，擺脫那些誘發妳舊習慣的環境，這會避免妳的身體機能在熟悉的環境裡，開始類似條件反射的運作。二是結交一些新的有良好生活習慣的朋友，讓他們帶動妳、影響妳，同時盡量勸服那些有不良習慣的舊友一起改變。

4．培養與壞習慣對立的好習慣。有些事情妳只能二選一，選擇了好的也就自然而然的必須放棄壞的。比如習慣賴床的可以開始做清晨喚醒身體的瑜伽，飲食不規律的可以報名烹飪班來上，喜歡做沙發馬鈴薯的可以每天晚餐後出去遛遛狗或者跑跑步。

5．循序漸進。成功的改變習慣需要很強的動力，即使妳的決心很堅定、願望很強烈，也不能一步登天，即使心理一步到位，妳的身體也需要時間去適應新的規則。如果妳有很多個壞習慣要改，那麼就排好隊一個一個來吧！每次集中精力改變一個習慣、攻克一個堡壘，遠比西瓜、芝麻一把抓要容易。

第三節

心靈，夠狠才強大

到底要怎樣才是真正有品質的生活，才是真正有品質的人生？是位高權重還是錦衣玉食？是眾星拱月還是孤芳自賞？這些並不真正重要，重要的是妳是否感覺到幸福快樂？即使還有無數的困苦挫折在等著妳。重要的是妳是否仍然對生活充滿了熱愛，即使妳歷經所有的貧窮、困窘、離別和背叛。

我們每個人生活在這個世界上，努力學習、努力工作，為的是什麼？為了賺更多的錢，為了買更大的房子，為了換更酷的車子，為了和自己喜歡的人在一起，為了去自己喜歡的地方，或者是為了實現自己的夢想……但是，僅僅如此而已嗎？換個角度問，如果妳擁有了足夠的金錢和自由，就真的完全足夠了嗎？如果代價是病痛折磨，如果代價是良心譴責，如果代價是背叛，這會是妳真正想要的生活嗎？我們追求的生活看起來是物質的，但藏在物質背後的卻是我們自己都沒有察覺的精神需要。我們追逐的所有的一切，其實都是為了得到心靈的快樂和滿足，為了得到心靈的解脫與輕鬆。

人生不如意十之八九，快樂是意外而痛苦是常態，成功總是擦肩而過或驚鴻一瞥，而挫折永遠如影隨形。人的大智慧不是看破紅塵或者誓死與天鬥，而是在困境裡看到希望，從失敗裡汲收經驗，從錘鍊裡汲取能量，是身在地獄而心在天堂的超脫，是像刺鳥一樣即使被刺破胸膛還唱出最動聽的歌。而這些，需要的是強大的心靈，是一顆鑽石般的心，堅硬、通透、美麗，任憑時間流逝，不會磨損和屈服。

挫折是上帝化了妝的禮物

如果生活真的可以依從自己的選擇，我想很多人會覺得能更快樂些，只要欣喜不要哀愁，只要相聚不要離別，只要富足不要貧困，只要健康不要疾病，只要成功不要失敗，只要相知不要背叛……這才是最完美的人生嗎？仔細想來卻總少了點什麼。就像是一個嗜甜如命的孩子，她跟上帝說無時無刻都能體味到甜蜜才是幸福的，於是上帝把她帶到了一個城堡，房子是巧克力做的，桌子是糖餅做的，床是小鬆糕做的，河裡流淌著糖漿，天上飄著棉花糖，樹梢上掛滿了各種漂亮的小甜點……小女孩很滿意的深呼吸，空氣裡都充滿了甜蜜蜜的味道，她以為從此就無憂無慮，睡覺都可以笑醒。可是結局呢？大家都可以猜到，用不了多久她就膩了，想念折磨人的酸，想念讓人頭髮直豎的辣，也想念讓人流淚的苦，她寧願回到平凡的世界，因為在那裡，甜才真正是可以帶來快樂的，值得珍惜的甜。

我們的生活何嘗不是如此？百味陳雜才精彩，沒有苦澀就不懂得甜蜜，沒有分離就不會去珍惜相聚，沒有挫折那成功也就少了份苦盡甘來的欣喜。每當遭遇痛苦陷入迷惑中時，請自己默唸這句話：「挫折是上帝化了妝的禮物。」

1．一念天堂、一念地獄

一個行善的基督教徒臨終時想看看天堂與地獄有什麼區別，上帝滿足了他的願望，於是天使就先帶他去地獄參觀。在地獄裡他見到一張很大的餐桌，桌上擺滿了豐盛的佳餚，用餐時間到了，一群餓鬼一擁而入，每個人手中都拿著一根幾米長的湯匙。可是由於湯匙太長，房間太小，每個人都吃不到，很悲慘。到了天堂，他看到的是同樣的餐桌和佳餚，只是天堂的人穿的比較整潔，每個人也同樣拿著一根幾米長的湯匙，不同的是吃飯的時候這些人並不是把食物往自己嘴裡送，而是互相餵著吃，每個人都吃得很愉快。

天堂和地獄往往在一念之差，心態和行為方式會導致不同的結果。妳帶著黑色眼鏡看世界，世界就是黑色的，妳帶著藍色眼鏡看世界，世界就是藍色的。妳把挫折看做地獄，那妳就會失去抗爭的勇氣和力量，墮落其中無法翻身，而如果妳把挫折看做是另一種天堂，那麼妳就可以從中得到歷練、積蓄力量，最後找到光明的出口。

2．挫折是一筆偉大的財富

挫折是什麼？悲觀的人會說挫折就是痛苦、就是失敗、就是游不出去的苦海；而樂觀的人會看到，挫折是經驗的累積、是能力的錘鍊、是取之不盡用之不竭的巨大寶藏。

莎莉．拉菲爾是美國著名的電臺廣播員，最初由於大部分電臺認為女性不能吸引聽眾，沒有一家電臺願意雇用她。好不容易在紐約的一家電臺謀到差事，不久就被辭退了，說她跟不上時代。莎莉沒有灰心喪氣，積極總結了失敗的教訓後，又向國家廣播電臺推銷她的節目構想，對方勉強答應，但要求她先在政治臺主持節目。莎莉一度猶豫，因為她對政治所知不多，但對自己堅定的信心促使她接受了挑戰。之後，她利用自己的長處和平易近人的風格，大談即將到來的7月4日美國國慶日對她自己、對一般民眾的意義，還請觀眾來電暢談他們的感受，聽眾立即對這個節目產生興趣，而她本人也因此一舉成名。

在莎莉．拉菲爾三十年的職業生涯裡，她總共被人辭退18次，但她沒有在這些挫折面前止步或者後退，而是積極進取勇往直前，現在的她已經成為了自辦電視節目的主持人，這就是挫折教會她的成長。

3．苦難使人成材

歷史上從來都不乏苦難成材的例子，中國的有《報任安書》所寫「蓋西伯拘而演周易；

仲尼厄而作春秋；屈原放逐，乃賦離騷；左丘失明，厥有國語；孫子臏腳，兵法修列；不韋遷蜀，世傳呂覽；韓非囚秦，說難、孤憤；詩三百篇，大抵賢聖發憤之所為作也」，有孟子說的：「天將降大任於斯人也，必先苦其心志，勞其筋骨，餓其體膚，空乏其身，行拂亂其所為，所以動心忍性，增益其所不能。」香港富豪霍英東出生於窮苦的水上人家，他當過鐵匠、苦力，還被煤油桶砸斷一根手指，但是苦難沒有使他屈服，反而給了他奮鬥的勇氣，使他終成大業。

放眼國外，在苦難中沉浮仍不低頭、不墮落的同樣有很多。義大利小提琴家帕格尼尼，3歲開始學琴，4歲時一場痲疹和僵直性昏厥症差點要了他的命，7歲患上嚴重肺炎，11歲在熱亞那舉行公開演奏並一舉成名，13歲開始旅行演出，46歲牙床染病、患上眼疾，50歲後又是接連不斷的關節炎、腸道炎、喉癌等多種疾病折磨著他，後來聲帶也壞了成了啞巴，直到58歲吐血而亡。但就是這多病的一生，他卻創作了《隨想曲》、《女巫之舞》、《無窮動》等小提琴協奏曲和許多吉他演奏曲，大仲馬、蕭邦、司湯達、巴爾扎克都聽過他的演奏並為之激動。在帕格尼尼的一生中，成功伴隨著疾病、光環伴隨著痛苦，但苦難沒有淹沒他的才華，反而成就了他的傳奇。

還有英國著名的詩人、學者、政論家約翰・彌爾頓，天生視力不佳，42歲左眼失明、44歲右眼失明，其後他在雙目失明的情況下，仍然堅持完成了《失樂園》、《復樂園》、

《力士參孫》三部空前絕後的無韻史詩，以其複雜性和完美性征服了西方世界。偉大的作曲家路德維希・馮・貝多芬，17歲就擔起全家生活的經濟重擔，26歲開始遭受耳聾的威脅和困擾，這增加了他對現實的不滿，同時也滋生了對個人命運反抗的思想。失聰對一個音樂家來說是一個再沉重不過的打擊，而他卻以一種超人的毅力繼續著他的創作，在後半生三十年的失聰狀態中創作了大量傑出的作品。依靠著卓越的音樂天賦、叛逆氣質和堅強性格，他把生命不息、戰鬥不止的精神全都貫注在了他不朽的巨作中。

苦難究竟是能覆滅一個人還是能成就一個人，全在於妳對待苦難的態度，全在於妳有沒有明確的方向和堅持下去的信念。巴爾扎克曾經說：「苦難對於天才是一塊墊腳石，但對於弱者是一個萬丈深淵。」生活是一座大熔爐，是一個煉獄，痛苦是每個人都必須經歷的程序。要堅信真金不怕火煉，要堅信風雨過後會有彩虹，要堅信熬過黎明最黑暗的時候就能看見燦爛的太陽。在苦難中淬煉、磨礪、成長，在苦難中擁有更堅毅的素質和更寬厚的胸懷，在苦難中積蓄爆發的力量。

怎樣擁有強悍的心靈？

1．信仰是人的有力支撐

什麼是信仰？信仰是人們對一種思想、主義或者宗教的極度的信服和尊敬，拿來做為自己行動的榜樣或指南，是人們對人生觀、價值觀和世界觀等的選擇和持有。

信仰體現妳的人生價值

信仰能夠最簡單快捷的解決「人為什麼活著」這個問題，它最根本的意義就是能夠賦予短暫人生永恆的意義。對我們大多數人而言，可能並沒有明確的什麼共產主義啊、佛教啊、基督教啊等等主義和宗教的信仰，但是我相信每個人內心都有她自己最珍愛、最重要、最不容玷污的一部分，這部分應該說也是一種信仰。有個簡單易行的心理測試，拿一張白紙，寫下妳生活裡感覺重要或者不可或缺的東西，比如：父母、孩子、情人、工作、金錢、地位、名譽、愛好等等，然後用筆依次刪掉可以捨棄的部分，等到最後剩下少數幾個，再也下不了筆的時候，這剩下的幾個就是對妳最重要的了，也就相當於我們生活的目的，也就相當於一般人的草根信仰。

信仰也包含著信仰者對未來美好理想的追求，信仰的有無，在很大程度上決定著一個人的發展的可能性。沒有信仰的人沒有明確目標，容易迷失，容易失去把握自身命運的力量，其發展的可能性會大大減低。有信仰的人，會為自己的信仰調動自身的一切力量和資源，並且能夠為了信仰臥薪嚐膽、披荊斬棘，他的知識、能力、內心世界都會得到充實和提高。

信仰讓人更堅強

神在造人後，發現泥做的人總是軟軟的，一經風雨就會倒下，於是在人的背上插了根脊椎，這根脊椎在人遇到無論多大的風雨、多深的坎坷時，終於可以讓人類屹立不倒。這根脊椎就是信仰。綜觀歷史，越是紛亂的年代裡，信仰就越容易被彰顯出來，成為一種支撐人們堅持下去的力量。它的基本功能對於個體的人來講就是能夠提供一種被庇護的感覺，在妳孤獨的時候、痛苦的時候、徘徊的時候，始終有一盞燈、一個希望在妳的心裡。

人類面對強大自然界時，那種弱小、無力的感覺就滋生了宗教信仰，希望有一個跳脫了現實生活的神的存在，能夠時刻的庇佑自己、指引自己。而政治信仰會讓妳畢生為了實現這個目標而奮鬥，即使讓妳為了這個目標做出犧牲，妳依然可以義無反顧。至於一般人的草根信仰，它可以是愛，可以是自由，可以是功成名就，可以是共享天倫，它可以讓妳在面臨選擇時不盲從、不迷惑，讓妳在面對困難時看到隱藏的希望，讓妳更堅強、更樂觀的看待發生的一切。

信仰是妳背後的陽光

在脊椎動物還沒有進化到直立行走程度的時候，他們的胸膛朝向大地而背部朝向天空，所以在中國的陰陽理論裡，人的腹面為陰，而背面為陽。當我們陷入困境時，眼前是一片混沌與雜亂，看到的是做為影子的自己，代表著灰暗和無力。這時候妳應該想到，只有有陽光的地方才會產生陰影，不管境況怎樣的艱辛，陽光與希望是一直與妳隨行的。

有一個很可愛的小故事：小豬問媽媽幸福在哪裡？媽媽說在妳的尾巴上。於是小豬使勁去咬自己的尾巴，卻總是原地轉圈咬不到。牠沮喪的告訴媽媽自己抓不到幸福，媽媽笑著對牠說：「只要妳向前走，幸福就會一直跟著妳。」

信仰，就相當與我們背後的陽光，或者說是小豬的尾巴，我們在生活裡也許並不會太多的刻意去談論去注意信仰，但信仰無時無刻不在左右著我們的思想和行為，有了信仰，哪怕只是草根信仰，妳也就有了背後的陽光和幸福的尾巴。

2．永遠看事物的積極面

不要為打翻了的牛奶哭泣

不要為打翻了的牛奶哭泣，不要為舊男人傷心，不要為那些已經過去的不能再更改的事情去浪費時間、浪費精力。莎士比亞說：「聰明的人永遠不會坐在那裡為他們的損失而悲傷，卻會很高興的去找出辦法來彌補他們的創傷。」失敗是什麼？妳如果對著它哭，它就是妳肩上的沉重負擔，妳如果對著它笑，它就是妳往前跨進的墊腳石。在挫折與磨難中，眼淚是最沒有用的東西，如果能從中汲取經驗與教訓就使勁地反思，如果還有轉圜的餘地就努力去改變，可是如果就像牛奶潑了一地一樣無法挽回，倒不如該忘記的忘記、該放下的放下，乾脆俐落的收拾殘局。

幸與不幸都來自於比較

朱德庸有一幅著名的漫畫「跳樓」：一個女孩從10樓頂飛身躍下，看到10樓以恩愛著稱的阿呆夫婦正在互毆，看到9樓堅強的Peter在偷偷哭泣，看到8樓的阿妹發現未婚夫跟最好的朋友在床上，看到7樓的丹丹在吃抗憂鬱症藥，看到6樓失業的阿喜每天買七份報紙找工作，看到5樓受人尊敬的王老師正在偷穿老婆的內衣，看到4樓的Rose又和男友鬧分手，看到3樓的老伯盼望著有人拜訪，看到2樓的莉莉還在看她那結婚半年就失蹤的老公照片……於是這個女孩發現自己過得還不錯，並不是之前認為的全世界最倒楣的人，但她已經來不及後悔了。而當這個女孩摔在地上，所有從一樓到十樓的人也會覺得：「其實自己過得還不錯。」

幸福是需要比較的，也只有從別人的比較中我們才能給自己定位，到底是幸福還是不幸，取決於我們找了怎樣的座標、怎樣的參照。所以當妳覺得自己不幸的時候，不妨把眼界放寬、放低一點，就不太容易困在過分苦惱的小圈子裡了。

有所失必有所得

「智者千慮，必有一失；愚者千慮，必有一得」，所有的事情都是具有兩面性的，沒有絕對的得也沒有絕對的失，就像萬物相生相剋。聰明的人善於化失敗為動力，善於分析失敗的過程和原因，善於從自己身上找原因，善於構思更為完備和妥當的行動計畫。怨天尤人和沉悶消極都是於事無補的，只有從失敗中得到經驗，從困境中看到希望，從困窘中找到機會，才是真正讓妳一生都會受益匪淺的定律。

人在得意的時候能夠看到潛藏的危險固然不易，在失意的時候能夠看到事物的積極面更為重要，它讓人永遠都不失去前進的勇氣，讓人永遠都保有生命的熱情。

3．鍛鍊自己的獨立性

有些人做決定之前總要先徵求別人的意見和看法，有些人經常會因為其他人的干擾而改變自己的原訂計畫，有些人總是盼望著有別人能夠替她做決定下決心，這樣的人無論在事業還是愛情上，都更容易處於被動的位置，更容易成為別人的炮灰。要想擁有一顆強大的心靈，妳必須鍛鍊自己的獨立性，不依附、不盲從，可以聽取別人的建議但決定還是要自己下，可以調整行事的方式但要堅持自己的原則，可以接受別人的幫助但不要把自己的身家性命交在別人手裡。

4．心理暗示的作用

心理暗示的作用到底有多大？讓我們來看兩個小故事：有一個人非常的喜歡新鮮空氣，一年冬天他到一家高級賓館住宿，因為天冷窗子都關得嚴嚴實實，儘管房間裡舒服無比，但一想到新鮮的空氣無法透進來時，他就非常的苦惱，輾轉難眠。到最後他終於無法忍受，撿起皮鞋朝窗戶砸去，聽到了玻璃破裂的聲音後，他安然進入夢鄉。但是第二天醒來，展現在他面前的是完好的窗戶和牆上破碎的鏡框。而在另外一則故事中，一位工人下班後被鎖在冰庫裡，第二天被人發現時已經凍死了，但令人驚訝的是，經過檢查發現那天晚上根本就沒通電，冰庫裡保持的是常溫！

心理暗示的巨大作用不僅能影響人的心理和行為，甚至能影響到人體的生理機能，這就讓我們不能不對此格外重視起來。透過積極的心理自我暗示，可以調節自己的心境、感情、意志甚至能力。我們多數人的生活境況，既不是一無所有、一塌糊塗，也不是心想事成、萬事如意，相當於是半杯牛奶，悲觀的人看到的是「只剩半杯了」，樂觀的人看到的是「還有半杯呢！」不同的心理暗示導致不同的選擇與行為，而不同的選擇與行為必然會導致不同的結果。堅持運用積極的心理暗示，可以樹立成功心理、發展積極心態。可以經常提醒自己：「我要成為什麼樣的人」、「我是最棒的，我一定能成功」、「堅持一下，馬上就會有理想的結果了」，失敗的時候可以想：「沒關係還有機會」、「我終於知道錯在哪兒了，以後就不會再犯類似的錯誤了」、「其實我完全有能力做好的」，在失業的時候想：「我終於有機會重新選擇了」、「就當是給自己放個假」、「我可以找到更好的」，在失戀的時候想：「失去我是他的損失」、「我終於認清他了，好在還不算晚」、「失去了一棵樹，我又回到了森林裡」。

心靈，永遠是我們生活的指引，只有擁有夠狠夠強大的心靈，才能擁有夠美麗的人生。

Chapter 4

辦公室魔女修練法則

什麼樣的女人才會在工作上遊刃有餘、舉重若輕？當然不會是溫柔可人、嬌羞溫婉、氣若游絲的乖乖女啦，夠強勢才夠自信。這年頭，妖女當道，若不把自己打造得先聲奪人、氣勢滿滿，如何能在眾多女人堆裡脫穎而出，成為當之無愧的辦公室魔女呢……

第一節 工作乃安身立命之本

我們大部分人都在職場打拼著，厭倦了朝九晚五的生活？厭倦了愛挑剔的上司和愛偷懶的下屬？厭倦了越來越大的工作壓力？……還是快點清醒吧！帶著這樣厭倦的情緒是於事無補的。除非妳是富家小姐，可以飯來張口、茶來伸手，除非妳是鑽石才俊的太太，可以只管慈善和應酬，除非妳是脫俗的高人，可以安於粗茶淡飯的黯淡生活，否則，長期的貧困會剝奪掉妳好的心境，足以扼殺生命的大部分樂趣。我們都只不過是平凡的虛榮女人，需要負擔自己的日常開銷，需要別人的認可，需要一些光鮮華貴的東西滿足自己的虛榮心，所以，我們不能不工作。

女人必須要有錢

金錢不是魔鬼，如果有些罪惡與金錢沾邊，那完全是因為人心裡有鬼。金錢不是骯髒的東西，談錢不會玷污了妳的清高，妳再清高也不能喝西北風過日子，只要取之有道、用之有度，就是君子所為，就會發現金錢可以讓人生活得更美好。一個女人，如果沒有自己獨立的經濟來源，如果任何消費都要伸手向別人索求，那這樣一個卑微的形象，憑藉什麼去爭取自己想要的東西、想過的生活？憑藉什麼讓自己活得抬首挺胸、揚眉吐氣？

1．有錢讓妳活得有尊嚴

妳可以說自己有著美好的心靈和高尚的品德，妳可以說自己聖潔的就像雪山的仙女，但是在現實社會裡，仙女沒錢也是寸步難行的。妳可以說睡覺只需要一張床的空間，但是沒錢妳連放這張床的屋子都擁有不了。如果妳見過那些身患絕症而無錢醫治、掙扎在痛苦裡希望能夠安樂死的人，如果妳見過那些因為家貧上不起學而接受資助的孩子，如果妳見過那些行動遲緩、生活困頓的老人，妳還認為沒錢依然可以活得驕傲有自尊嗎？

不要以為意外只發生在別人身上，不要以為疾病離妳還很遠，不要以為等妳年老之時世界會變得很美好，未雨綢繆永遠勝過臨渴掘井，畢竟，我們需要用錢維持起碼的尊嚴。

2．有錢讓妳活得更灑脫

古語有云：「窮養兒、富養女。」是說男孩子要讓他多經磨練才能成大器，而女孩子呢？要給她更多的寵愛和呵護。其實很容易理解，男、女的社會分工和心理特徵天生不同，男人理性而女人感性。女孩子只有給她相對溫和寬鬆的環境，她才能更快樂和健康的成長，有自信和完善的心理，有一定的審美觀和品味。這樣她長大後的眼界也會高一點，不容易被誘惑、被誤導，對她的生活觀念乃至選擇工作和男人都會有積極的作用。

當然，家庭和父母是我們沒有權利選擇的，不論妳小時候是否受到了好的教育和培養，在妳成人、踏入社會的那一天，妳都一定要記住：這個社會很現實。錢當然不是萬能的，但沒有錢絕對是很悽慘的一件事。有了錢，妳才有本錢「不為五斗米折腰」，有了錢，妳才能微笑著堅持自己的原則。

3．有錢讓妳更接近幸福

金錢和幸福當然不是畫上等號的，但是金錢可以讓妳更加接近幸福。幸福是什麼？一千個人會有一千種答案。人活著就離不開衣、食、住、行，住在租來的房子裡，妳幸福嗎？乘坐擠成沙丁魚罐頭的公車，妳幸福嗎？商場裡滿滿的漂亮衣服捨不得買，妳幸福嗎？吃一頓大餐花掉半個月生活費，妳幸福嗎？也許有人會說：如果是和心愛的人在一起，再累、再苦也覺得幸福。那我也只能說：即使幸福，那也是卑微的幸福。

有個朋友在發跡之前，週末的娛樂就是帶著女朋友逛商場，而且專挑高檔的逛，當然，那時候他什麼都買不起，但他依然樂此不疲，他說這些東西能刺激他賺錢的欲望。現在他有錢了，其實生活得並不奢侈，只是很感慨：能給心愛的女人買房子、買車子，看她過得輕鬆快樂自己也開心。那些專櫃裡的東西，即使妳沒打算買，口袋裡有錢和沒錢的感覺都是不一樣的。

另外一個女朋友辭職開了家咖啡店，剛開始因為資金不足又沒客源，焦頭爛額了一陣子，服務生都捨不得請，老闆兼員工很辛苦。不過好在撐過困難期一切都上了正軌，她終於有時間也有金錢過自己想過的日子，背上背包在西藏和尼泊爾逛了兩個多月，回來之後興致勃勃給我們看她沿途拍的照片，手腕上戴滿了銀鐲子，在瀰漫著咖啡香的角落裡閃著光。她說我會更努力的賺錢，然後才可以享受更美好、更幸福的生活。

4．有錢讓妳有更強的信心

人的信心來自於哪裡？來自於所擁有的資本。能力是一種資本、相貌是一種資本、地位是一種資本，金錢也是一種資本。人在某方面的信心與他的承受能力是成正比的，也就是說他在某一方面的底蘊越深厚，抗風險能力越強，他就會表現出越強大的信心。譬如一項很有前景的投資，需要50萬啟動資金，50萬對A而言是全部身家加上貸款，對B而言只是手下一個部門一個月的利潤，那麼顯而易見B對這個投資會更有信心，而A則很有可能瞻前顧後就失去或者說放棄了機會。

有錢和沒錢的人看世界的角度和心態都不一樣，沒錢的人是怯生生的，不知道哪來的一個浪頭就能把自己打倒，而有錢的人是鬥志昂揚的，在他的眼裡一切都盡在掌握。

5．有錢讓妳有更多選擇

我們每個人都會遇到很多可以選擇的機會，但是這些選擇有時候也都是有條件的，我們只能在限定的範圍內行使主動權，而金錢很多時候可以擴大這個選擇的範圍。當金錢不是問題的時候，吃青菜還是吃鮑魚完全看妳的口味，旅遊住青年旅館還是五星級飯店完全看妳的喜好；當妳覺得上司實在是很沒品，妳可以瀟灑的辭職而不用看在薪水的面子上唯唯諾諾，辭職後可以創業也可以先給自己放個長假；有錢妳可以存銀行也可以去投資，可以買黃金也可以買股票。所以說，錢可以提供給妳更多的選擇，每筆錢都可以幫妳打開通往世界的一扇窗。

6．有錢可以幫助更多的人

索取與奉獻，是貫穿著人的一生的，每個人既是社會財富的創造者，又是社會財富的消費者。關於人生的價值到底是在於索取還是在於奉獻，不同的人有著不同的解答，但有一點是毋庸置疑的，奉獻時我們更能得到單純的精神上的快樂，而伸出手去向別人索取總是要承受著心靈的拷問。

奉獻是一種純潔高尚的精神境界，奉獻給別人和社會的越多，自己的精神會更充實，得到的回報也就越多。但是奉獻的前提是妳得有相對的資本，捐助沒錢上學的兒童、捐助受災地區的人們，甚至給路邊的乞丐一頓飽餐，都得有一點物質上的積蓄才可以。哪怕是去邊遠地區教學呢！妳付出更多的是時間和知識，但來回車資和生活費還是要自理呀！所以即使是要幫助別人，沒點經濟基礎也是辦不到的。

如果有了不錯的物質累積或者不錯的經濟來源，妳就有更大的能力去幫助別人，從中得到精神上的快樂，更何況有時候幫助別人也就相當於幫了自己。看過這樣一個小故事：一個僧人在漆黑的夜晚趕路，跌跌撞撞看不到道路和方向，突然前方出現了一個提燈的人，為僧人照亮了前方的路。僧人連忙感謝提燈的人，而提燈的人告訴他說：「我其實是一個盲人！」僧人大惑不解，問道：「你既然看不到，那提燈又有什麼用呢？」「我雖然不能用燈照明，但可以為別人照亮，也讓別人可以看到我自己，這樣他們就不會因為看不見我而撞到我了。」僧人聽了，霎時頓悟。

很多財力雄厚的企業家和明星們都喜歡從事慈善活動，在慈善活動裡他們付出的是金錢和愛心，得到的是心理上的滿足和安慰，還會給自己樹立起良好的正面形象。錢越多，就有能力幫助更多的人，而這種影響到後來所能產生的積極作用，可能會超出金錢可以衡量的範圍。

女人怎樣才有錢——工作

既然金錢是我們生存的必需品，可以給我們帶來很多的好處，那就要考慮怎樣才能賺錢，怎樣才能得到更多的財富，其實所有的財富，追根究底來自於一件事——工作。

不論是藍領、白領或金領，大家都是各憑本事吃飯。雖然都是工作，但根據公司性質規模、各人的學歷資本、職位資歷等等具體情況，薪資水準有著很大的差別，賺得少的也就是混個溫飽，賺得多的房子、車子、票子一樣都不少。要在工作上得到好的發展前景一定要在以下幾個方面培養自己：

要有一技之長。學歷只是敲門磚，一技之長才是安身立命的資本，有句話就叫做擁有萬貫家財，不如有一技在身。張果喜身為中國大陸第一個億萬富翁，也是迄今為止中國唯一把自己的姓名寫到行星上的企業家，他連初中都沒有讀完就輟學進了木工工廠當學徒，後來在上海藝術雕刻品一廠學會了雕刻樟木箱。有了這一手藝，在廣交會拿到訂單，20個樟木箱，賺了一萬多元。不僅救活了一個工廠，還給自己開拓了一條財富之路。當然，敲門磚只能讓妳更快、更順利的找到工作，能否在崗位上有更好的發展，還是要看妳技術精不精，所以要不斷的學習、不斷的錘鍊。

然後要有進取心、責任心、自信心。進取心使妳保持著對工作的熱情和旺盛的求知欲，責任心使妳對自己的工作要求嚴格、精益求精，自信心則為妳在逆境中開拓創新提供信心和勇氣，去面對挑戰、突破逆境。

要有自我調節的能力，不僅即時的調節自己的情緒，也即時調節自己與周圍人與環境的關係，根據實際情況調節自己的職業規劃和生活目標。

另外，還要培養自己良好的人際交往能力。把人與人之間的交往看做一種樂趣而不是負擔，能夠設身處地的體會他人的感受，能夠接納他人，把握好人際交往中的邏輯關係，培養自己的洞察力和預見力。為人要正直、公正，有團體意識和合作精神，如果對身邊的人能起到積極的感染作用就更好了。

當然，除了工作之外，還有些方法都是可以讓女人富裕起來的，那就是投資和理財。但是投資和理財的基礎也不外乎是工作，如果妳沒有一份穩定的收入，沒有足夠的儲蓄，妳也沒辦法拿出多餘的錢來進行投資了。

當工作成為生活必須

對個人而言，勞動，也就是指能讓妳獲取金錢的那部分，不管是打工還是創業，都是以此來獲得生活的資源。人有惰性也有貪慾，但正是貪慾會讓我們不滿足，這就是我們需要勞動的原始動力。雖然現代社會有著完整的社會福利和社會保障體系，提供給有需要的人們基本的生活保障，但為什麼大家都還要工作，要去追求更高層次的衣、食、住、行等資源，這就是因為人能夠在工作中獲得物質和精神的雙重收穫。

麻雀在麥田裡撿幾粒糧食就滿足，而鷹卻天生有著更大、更高的追求，牠需要的是廣闊的藍天。從這個角度講，讓勞動成為生活必須並不是一句空話。對於如今這樣的經濟社會而言，除了義工，幾乎所有的社會勞動都是以取得物質報酬為目的的，不論是做職員，還是自己投資創業，說到底我們的這種勞動行為都可以劃歸為工作。

積極向上的人對生活有著更多的期待，同時對工作也就會有更多的期待，從妳每天清晨起床時的心情就可以推斷出妳對生活的心態，想到新的一天和要面對的人和事，妳會煩悶無奈還是激動興奮？對於工作也是這樣，既然一定要在職場打拼，就要學會以樂觀的態度去對待工作，享受工作中的樂趣，這不是什麼難事，工作除了可以填滿我們的錢包，讓我們有條件達到經濟獨立、享受高品質的生活之外，還有以下的功能：

1．工作讓妳更自信

人的自信來自於哪裡？一方面來自於本身良好的、積極向上的心態和堅定不移的信念，另一方面則是來自於外界的肯定，或者外界之否定。雖然說人是為自己活著，但還是需要別人的肯定來確認一下，妳得知道自己活著能夠做些什麼才有意義，妳得知道自己可以給別人帶來一些影響才會有存在感，而如果妳能在工作中獨當一面，哪怕是顆螺絲釘的作用，也會讓妳充滿了自信。

一個失去了自信的女人就好像失去養分的花朵，她不能也不敢再盛開，終將枯萎，而自信的女人才能充分綻放自己的魅力，她們相信自己的能力，相信自己能做到，相信自己能成功，她們身上有著別樣的光彩。

2．工作讓妳有成就感

凡是熱愛和尊重自己工作的人，都可以在工作中得到成就感，這份成就感和滿足感不只在於職位、頭銜和金錢的追求，更重要的是個人能力的充分發揮。當妳得到上司的鼓勵和同事的支持，當妳完成一項有挑戰性的專案，當妳知道自己的工作會對周圍的人和社會產生什麼積極的影響，當公司的新人虔誠地向妳請教，甚至是當妳每天衣著光鮮的走進辦公大樓，這些都會讓妳產生一種心理上的滿足，讓妳感覺到工作的意義。

3．工作增強妳的人際交往能力

在我們活著的每一天裡，都不可避免的要接觸到不同的人，要處理各種事情，而不同的交往技巧有可能會使一件事情有無數種發展的可能。有些內向怯懦的人把人際交往當成是一種負擔，她們害怕與別人交流，也害怕向別人展示自己，這樣做的後果就是把自己侷限在一個小空間裡，類似於作繭自縛，不可能有什麼發展。要知道，人際交往是我們生活裡很重要的一部分，好的人際關係可以讓我們少一些敵人多一些朋友，好的人際關係可以讓我們多一些幫助少一些麻煩，好的人脈可以幫助我們開拓眼界和領地。

那麼，好的人際關係從何而來？它是建立在好的人際交往能力之上的，而鍛鍊和增強人際交往能力最好、最便捷的方式，就是工作。每天24小時，我們8小時在睡眠，8小時在工作，剩下的8小時在美容、健身、聚會。在佔據每天三分之一時間的工作裡，我們要面對上司、同事、客戶，或者還經常要面對一些陌生人，這都是鍛鍊人際交往能力的好機會。

4．工作讓妳與時俱進

現在的社會是爆炸式發展的時代，以前說五年一代溝、十年一代溝，如今可是三年一代溝。層出不窮的新思想、新潮流，頻繁更迭的網路符號、網路語言，變化莫測的國際形勢和經濟形勢，還有更加深不可測的看不透的人心。人畢竟不是生活在真空裡，需要跟外界的接觸、交流才能適應環境，才能讓自己不退步、不遲鈍。如果不工作了，我們將失去很多與外界交流、與陌生人交往的機會，這會讓我們逐漸成為一個後天發育不良的小可憐。

5．工作豐富妳的人生閱歷

什麼樣的人生是有價值的？一個有價值的人生應該是豐富、多彩的，是老了之後有無數故事可以回味的，而不是單一的、貧瘠的、蒼白的。很多東西都可以豐富我們的閱歷，不論是書籍、朋友、旅遊、工作，都可以充盈我們的心靈，讓我們的生命變得愈加豐厚。不同的是，書籍帶給我們的是精神面的，而工作帶給我們的是現實面的，它讓我們認識到詐欺和挫折，也讓我們品嚐到英雄間的惺惺相惜和成功時的欣喜。人在短暫的幾十年裡，應該讀萬卷書、行萬里路、識千樣人，而工作，正是給我們提供物質基礎，給我們提供鍾鍊和展示機會的舞臺。

第二節 玩轉辦公室政治

提起政治妳會想到什麼？想到千年朝代更迭的血雨腥風還是朝廷內外的鉤心鬥角？想到國家大選時各候選人慷慨激昂的陳詞？想到外交部發言人滴水不漏、邏輯嚴密的答辯？或者，妳想到了身邊的上司和同事？

政治是人類歷史發展到一定時期產生的一種重要社會現象，一般用來指征服、政黨等治理國家的行為，但是放在社會這個範疇裡談，它也可以指各種機構、人員相互之間的關係。有人的地方就有政治，辦公室也不例外，因為人事和利益的爭奪是永遠都存在的問題。辦公室政治其實可以解釋為一種潛規則，它沒有明確的條文，不會像員工守則一樣白紙黑字的掛起來給妳看，很多東西都不會攤在檯面上，但是又深深的侵入到辦公室的環境之中，需要妳心明眼亮的去慢慢參透。先看看妳是哪種職場人吧！瞭解自己，就是瞭解辦公室政治的第一步：

1．聽說今天晚上有百年難得一見的流星雨，妳的反應是：

A．和我沒關係，連看都懶得看
B．有點好奇，但看看電視轉播就可以
C．這麼難得的機會當然不能錯過，一定要看

2．妳平時多久去逛一次百貨公司？
A．好幾年沒去了
B．路上經過時會進去看看
C．只要有時間就會去那裡逛逛

3．妳對音樂的態度如何？
A．只喜歡聽某一類音樂
B．憑感覺，有些歌一聽就會馬上喜歡
C．很多歌都是聽幾遍之後才會喜歡

4．妳對常用的交通工具上鎖的習慣如何？
A．當然會，而且會加上好幾道鎖，治安不好

B．會另外加裝一道安全鎖，求個心安
C．只用基本的配鎖，覺得自己不會那麼倒楣吧

5．妳閒來無事時會出去散步嗎？
A．會的，不過多半在附近繞圈子
B．會跑去比較遠、平常較少去的地方
C．喜歡跑到從來沒去過的地方逛逛

6．妳每天去工作地點的時間大約需要多久？
A．10分鐘以內
B．10～30分鐘左右
C．超過半小時以上

7．早上起來是不是會有不想去上班的念頭？
A．當然會，但次數不太多
B．跟心情好壞有很大的關係，次數不少

C．只有陰雨天才會不想去公司

8．妳平常是否有飼養寵物的習慣？

A．我超級喜歡小動物

B．我喜歡養寵物，只是牠們的一些小毛病會讓我覺得麻煩

C．我很少或從來沒養過寵物

9．如果可以在101大樓租個樓層來工作，妳會選擇：

A．50樓，沒人打擾，而且視野不錯

B．當然是最高層，喜歡站在最高點的感覺

C．一樓，進出會比較方便

10．妳洗澡時通常從哪個地方開始塗肥皂？

A．先從臉開始

B．從胸部開始

C．從私處開始

計分標準：

選A得1分，選B得3分，選C得5分

測試結果：

20分以下：真材實料型

妳有高度的責任心，會將自己的工作全力以赴做到最好，是個盡職的員工。但是妳的開拓能力和創新能力不足，適合的工作並不多。只要妳能夠投入認真的工作，對自己喜歡的專業進行鑽研，成功就會屬於妳。

20～30分：老謀深算型

妳有著良好的人際關係，與同事相處融洽，在職場中非常吃得開。妳懂得如何避重就輕，會包裝自己的外在形象來掩飾工作上的一些小缺陷。但是要注意，工作必須做出真正的成績，才能獲得老闆的賞識。除了打工外，妳也很適合自己做生意，能夠讓事情隨著妳期望的方向發展。

30～40分：脫穎而出型

妳很有自己的想法，也有很多獨特的建議，但這些想法往往在轉化為事實時缺少些關鍵的東西，妳也許不明白自己欠缺的在什麼地方，其實只是一些平常的累積形成的關鍵啟發而已。因此，妳應該在平日裡多多實踐，打好自己的基礎，這樣當妳的創意再次發揮時，就能夠獲得成功。

40分以上：創意天才型

妳的創意能力十分出色，就算在專業能力上有所欠缺也無法妨礙妳的才華。妳多半會覺得現在的這份工作不能很好地發揮自己的才能，所以總是在不停地尋找機會。妳非常適合從事藝術類或設計類工作，而且固定模式的工作並不適合妳，妳可以嘗試兼職的形式，發揮自己的才能。

無可避免的辦公室政治

有很多人都不願意捲入辦公室的權力鬥爭和爾虞我詐之中，認為只要做好份內的事、提高自己的專業水準、腳踏實地就可以遠離是非、明哲保身。但是，公司裡的每個職能部門、每個組織都是人的組合，每個人都有自己的優先順序和利害關係，每個人的個體行為都會對其他人的想法、工作進程、環境氣氛產生影響，沒有人可以獨立於辦公室政治之外，如果真有那麼一天，可能也就是妳捲舖蓋走人的時候了。

與其對辦公室政治抱著畏懼和逃避的心態，不如把這當成磨練自己的一種方法，辦公室政治是什麼？不過就是待人接物的態度、應對進退的分寸拿捏。曹雪芹也說了：「世事洞明皆學問，人情練達即文章。」專業技術不是評判一個人的唯一標準，妳必須學會如何去應對不同的人，才能在辦公室政治中活得更好。妳可以不必要詐使壞、興風作浪，但是必須保持消息靈通、隨機應變。

遊刃有餘，玩轉辦公室政治

1．做個職業人

要玩轉辦公室政治，首先當然得確定妳是不是個合格的員工。身在職場，未必妳就是個合格的職業人，這裡的職業是指妳是否是符合妳行業標準的人，是否從衣著打扮到技術才能都讓人覺得妳很專業。

注意妳的個人形象

個人形象到底有多重要，相信不必再贅述了，但是在辦公室裡還不同於平常，不是乾淨、漂亮就可以了，妳要讓自己看起來比較職業化。「人不可貌相」是用來告誡人的，而實際上第一印象的好壞絕大部分取決於儀表，所以我們一方面要避免犯以貌取人的錯誤，一方面要注意自己的儀表以便給人留下良好的印象。

公司有工作服的，當然是要統一著工作服，這個沒得商量，省心省事。公司沒有工作服還是需要佩戴統一徽章和標牌的，也要注意別忽略。除了設計、攝影、廣告等行業外，大部分公司的著裝要求是大方、整潔、莊重，首先在顏色選擇上以黑、白、灰、青為主其他顏色為輔，不要什麼豔紅豔綠都往身上穿，大花和卡通圖案的也要盡量避免。款式應該簡潔合身，太繁複的荷葉邊、蝴蝶結、流蘇都不適合過多的出現在辦公服飾中，不要太暴露，領口不能太大、裙子不能太短，另外不要太曲線畢露，除非妳就是想引起話題和性騷擾。質料雖然不見得一定要多高檔，但也絕對不能看上去就像路邊攤貨色，勾絲的、脫線的就淘汰掉吧！衣料不要透明，內衣要無痕，尤其是夏天，雖然白色上衣裡透出黑色文胸屬於性感，但一彎腰就顯出內褲輪廓的事情就避免掉吧！正式會議場合應該穿西裝套裙而不是西裝套褲，顏色的選擇也寬泛一些，但如果只是會議協助如翻譯、紀錄，那就要盡量低調，黑色最好，張揚的機會有很多，不要在會場上顯得不懂事。

辦公室裡不適宜佩戴太誇張的首飾，如大顆的鑽戒、鍊子粗的黃金等，這不是宴會和珠寶展示廳，點綴一下就好，不要過分。手腕上纏串碩大的金手鍊遠不如佩戴手錶來得適宜而優雅。辦公室不是伸展臺，妝面乾淨剔透即可，煙燻妝、復古妝、假睫毛還是留在聚會上吧！香水應該選淡雅宜人的，不要濃到妳一進屋就好像剛噴了空氣清新劑一樣。

如果不是時尚產業，如果不是髮型店的展示模特兒，不要把自己的頭髮弄得太驚世駭俗，個性和優雅並不矛盾，不要把自己往低俗趣味上逼，桃紅草綠那樣的顏色很容易引起歧義。

另外，還需要考慮自己的具體職業，經常需要走路的就不要穿著尖細高跟鞋來折磨自己了，除非妳是高跟鞋狂人；經常需要打字按鍵的就不要留太長的指甲，水晶指甲確實好看，但顫顫巍巍的打字，妳不怕害了別人都替妳揪心。

注意妳的小習慣

辦公室是個沒有什麼私密空間的地方，如果不想自己的一些小習慣成為別人指摘妳的漏洞，妳就需要注意：辦公桌一定要整潔有序，即使妳的公司比較寬鬆人性化允許上班時間吃東西，也不要把包裝紙和碎屑留在桌面上；不要把茶水間的零食和小點心拿到座位上享用；不要把不雅觀和有異味的垃圾扔進室內的垃圾桶；不要用微波爐加熱氣味濃烈的食物，如果加熱過程中有濺出，記得擦拭乾淨後再離開；如果妳喝了飲水機裡的最後一杯水，記得通知相關人員添補；在辦公室裡不要大聲接聽私人電話，尤其是不要在電話裡謾罵或者打情罵俏。

注意社交距離

人與人之間的距離也是個學問，形容兩個人關係好我們會說「親密無間」，形容關係不好我們會說「拒人於千里之外」，但是這個距離到底在什麼程度才是最適合的，顯然是門大學問。

人與人之間有個社交的安全距離，除非是妳特別親密的人，不然無論是說話還是其他方式的交往，逾越了這個距離，都會讓人產生不舒服的感覺。在工作場合和公共場合，人和人的距離一般都處於120～210公分之間，大部分的社交活動幾乎都在這個安全距離裡進行，比如上司對秘書或下屬安排工作、接待來訪的客人、與客戶洽談、內部一對一的談話等。而如果是更加正式的交往關係，比如會晤、談判或者嚴肅公事，那這個距離就要擴大到210～360公分之間。掌握好這個距離，有助於妳控制好不同場合下與不同人的距離，樹立妳的威信，不觸犯上司的威嚴。

身為女性員工，要注意不要「色誘」男上司和男同事。一方面不要穿過分暴露的衣服，另一方面就是要保持適當的距離，不要近到讓對方誤會，不要近到讓對方心猿意馬，除非妳確實是想引誘對方來達到自己的某些目的，不然對方的這種誤會會讓妳騎虎難下，並且也不利於妳處理與女同事的人際關係，千萬別忘了，女人天生是八卦和嫉妒的。

注意舉止禮儀

舉止大方俐落，不要毛手毛腳，不要縮頭探腦。聲音悅耳，不要大到讓對面的人想捂耳朵，也不要小到像蚊子哼哼。面對客戶或者上司，不要把雙手交叉抱在胸前，雙臂自然下垂或者雙手自然交互握在小腹位置。遇到同事應主動打招呼或者點頭微笑致意，如果遇到上司應該側身略低頭說一句「XX好」。

養成守時的習慣，一般的會議、公務約會，比預定時間早到五分鐘就好，既可以提前整理儀表和神態，也不會顯得妳的時間太廉價。進入他人辦公室應先敲門，聽到應答再進，進入後回頭關門，不能太大力。如對方正在忙，請稍等。打電話時間不要過長，尤其是和妳的同事共用一條線的時候。只要不是太複雜的情況，加上必要的禮貌和寒暄也完全可以控制在十分鐘之內，如果是十分鐘都談不清楚的事情就乾脆面談或者利用網路吧！不要將私人情緒帶入辦公室和工作中。在辦公室裡大哭、大叫或者做其他感情衝動的事情，只會增加妳的煩惱，實在控制不住可以離開辦公室平靜一下。

工作場合男女平等，不要在公司裡利用女人的性別優勢把原本屬於妳的工作推給男同事，也許對方很樂意為妳服務，但是切記這對妳的職業發展絕對有害無利。

2．熟悉公司文化和運作方式

每個單位、每家公司都有不同的文化和運作方式，人事與業務上都有很微妙的關係，尤其是當妳剛進入一個新環境時，多做、多看、少說永遠是正確的，不要一來就個性十足冒冒失失，萬一不小心掉進潛規則的井裡，誰都救不了妳。有明確條文和員工培訓的，是個很好的機會來讓妳認識公司文化和運作方式，如果沒有，妳也可以在工作中慢慢看那些老員工是如何為人處事，進入別人的話題圈可以分享到更多資訊，以此來指導自己的言行。

3．勇敢維護自己的利益但不苛求百分百的公平

妳為公司做了多少工作，取得了多少成果，就可以要求相對的報酬和待遇，但不要事事都與同事攀比，一味追求公平往往不會有好結果，「追求真理」的正義使者也容易討人

嫌，有時候，妳所知道的表象，不一定能成為申訴的證據或理由，對此妳不必憤憤不平，等妳深入瞭解公司的運作文化，慢慢熟悉老闆的行事風格，也就能夠見慣不怪了。

4．待人真誠但不透明

辦公室裡需要真誠嗎？當然需要，只要是跟人打交道，真誠永遠是最重要的。但是千萬別忘了，這也是有條件的真誠，妳可以真誠的稱讚對方，但千萬不要真誠的批評對方。喜歡聽好話是所有人都具備的弱點，即使有些明智的人知道對方是在恭維自己，但還是會樂於接受。妳可以裝作認真的傾聽別人的訴說和抱怨，但不要傻乎乎的把自己的所有真實看法和想法都掏心掏肺的說給對方聽。

職場不是私人恩怨的發洩地，不要讓自己成為透明人，保持相當的距離感和隔閡感也是很必要的。見人說人話，見鬼說鬼話一向是八面玲瓏的一個表現方式，只是要注意不管是說人話還是說鬼話都要真誠，起碼是不要讓對方意識到妳的不真誠，也就是說得體的處理各種關係，但不要顯露出妳的世故圓滑，這是從低段位向高段位修練的一個過程。

5．不要得罪平庸的同事

我們從小就知道要向成績好、懂禮貌的小朋友學習，長大後工作了自然也知道努力敬業的同事值得尊敬，但是千萬別因此就小看了妳眼裡貌似平庸的同事，尤其是身為一個新員工還不瞭解底細的時候，妳的冒失說不定會讓妳踩中一顆地雷。

不要影射某某上班遲到早退，不要指責某某上班時間玩遊戲，不要對某某拿著高薪不工作看不慣，這都不是妳應該注意的事情，能坐上老闆位置的人都不是傻瓜，最起碼不會比初出茅廬的妳更傻，他不會拿自己的錢養一群閒人，他不會容忍自己的手下無所事事遊手好閒，妳眼裡平庸的同事，說不定手裡抓著一個大客戶是公司的經濟命脈，說不定跟權貴有關係可以替公司處理很多麻煩，說不定技術上有絕招就等著養兵千日用在一時。就好像說越是表面上看起來不匹配的伴侶越是比單純郎才女貌的組合要穩固一樣，越是看起來平庸的同事說不定越是妳得罪不起的。

6．不要和同事有金錢往來

不到萬不得已不要向同事借錢。同事不同於朋友，他沒有在私人事務上幫助妳的義務，而且妳也不願意妳找人借錢的事情搞得公司裡人盡皆知吧！如果能按期還錢還好，如果再有個什麼意外要延後，即使表面上大家都不說什麼，私底下妳可就成了賴帳不還的小人了。

如果是同事跟妳借錢呢？如果不是特別知根知底關係比較好的，那也盡量別借，別覺得心裡上過意不去，萬一遇到個厚臉皮只借不還的，難道要天天在辦公室追著他要啊！再萬一人家做一個月就離職了，妳去哪裡找人？不想吃悶虧，就臉皮厚點直接回絕，怎麼回絕？哭窮唄！就說薪水都是媽媽管著花一分錢都得打報告，就說錢都買股票了正慘賠呢！就說自己是月光族一分錢都沒存下……總之原則就一個：深表同情、要錢沒有、愛莫能助。

如果是平時幫同事順道買午餐，把午餐給他的時候千萬別忘了像飯店上菜的服務生一樣喊一句：「滷肉飯，100元。」如果對方裝傻不給錢，下次妳直接當他不存在。

如果是業務上的金錢往來，譬如需要自己先墊付然後找財務報銷的，事先要跟財務確認好，看哪些是在報銷範圍之內的，並且一定要收好憑證和發票。跟財務結算如果是一手憑證一手錢的還好，如果是先交了憑證和發票然後財務去做帳申請然後才結現的，一定記得讓財務給妳寫個收據，一個朋友就是把餐飲發票給了財務，結果財務給弄丟了，然後一口咬定她沒交，妳有轍嗎？沒有，得罪了財務妳以後的日子也不好過。

7．尊重別人的私人空間

在辦公環境裡，私人空間是很寶貴的，必須受到尊重。進入別人的辦公室一定要先敲門，不要私自翻閱別人辦公桌上的文件，不要私自查看別人的電腦，不要私自翻閱別人的名片盒，請別人幫忙或者打擾了別人工作時一定要說「對不起打擾一下」、「不好意思佔用妳一點時間」、「請問可不可以幫我……」、「麻煩妳我想問一下」等等。

8．用恰當的方式表達憤怒

在平靜的心態下，我們一般都能夠保持思路清晰對答得當，可是辦公室並非永遠風平浪靜的，有分歧就有爭端，有利益就有衝突，也許是妳的功勞被別人搶了，也許是妳被別人栽贓了，也許是上司對妳有誤會，也許是手下頂撞了妳……妳是否一點就爆，馬上就怒髮衝冠六親不認了呢？要小心，也許正有人等著要看妳失態抓妳把柄呢！任何一句不恰當的洩憤的話，都有可能成為攻擊妳的證據，任何一句情緒失控下的無心之言，經過眾人的加工傳播後都可能成為妳的「狼子野心」，到時候妳想反悔都沒機會，因為那句話妳確實說過，沒有人會聽妳辯解妳是在怎樣的情況下說出的。

除了語言，還有很多種可以表達憤怒的方式，比如表情、聲調、肢體語言，妳可以怒目而視，可以聲調提高幾度，甚至可以拍拍桌子、揮舞幾下手臂，就是別不經大腦說出什麼過分的話出來落人口舌。頂多被人評價為脾氣爆、嗓門高，而不會被扣上什麼更大的帽子。

9．謠言止於智者

關於謠言有個很著名的「三不」理論，就是：不信謠，不傳謠，不造謠。這個三不理論很簡潔的指出了對待謠言的正確態度。

謠言的產生其實很簡單，人嘛，總是有好奇心和八卦思想，有的人願意製造，有的人願意放大，有的人願意流傳，有的人願意聽，有的人願意信，其中這些人有有意的、有無意的，有誤聽的、有誤傳的。謠言的初始也許是句大實話，但傳到最後就面目全非了。謠言止於智者，不要拒絕謠言，敏銳的人可以從謠言裡捕風捉影，但是就不要再繼續往外散播了，不然哪天東窗事發被事主發現原來也有妳的一份功勞，心裡的芥蒂也就算是結下了。

10．幽默也要注意限度

辦公室裡死氣沉沉當然不能算是個好的工作環境，但哪怕是輕鬆的玩笑話，妳也要注意掌握好限度，三思而後說，因為不一定哪句話戳到誰的痛處，每個人的理解能力和對幽默的鑑賞能力、容忍能力都是不一樣的。

不要隨便與上司開玩笑，即使妳們以前曾經是同學或好朋友，但是工作崗位上絕不要自恃過去的好交情而刻意顯出與其他人的不同，尤其是有其他人在場的情況下，還是保持嚴肅的上下級關係比較明智。不要捉弄別人，尤其是愚人節，有人非得想出點狠招、怪招去折騰別人，逗樂子本身沒錯，但捉弄就有點不尊重，會被人以為是惡意中傷或者蓄意報復，不利於妳的人際關係。與同事開玩笑注意不要取笑他人缺點，如果對方是異性，不要過分曖昧。

11．面帶微笑

微笑是最好、最簡單的交流方式，但我們在辦公室裡往往會忽略了這一點，也許是因為同事們都很嚴肅，也許是因為工作太累、太煩，也許是因為一進公司就看到了自己討厭的人，總之，微笑著和人道聲「早啊！」聽起來是件太簡單的事，做起來似乎也沒那麼容易。

美好的一天從清晨開始，不要在乎別人會有什麼反應，妳就當是笑給自己看的，笑著笑著自己心情也就好了。威嚴不是單靠板著臉孔就能樹立起來的，對女性而言，溫暖和煦遠比秋風蕭瑟更適合。即使是出現意外，很不爽的時候，犀利堅定的眼神加嘴角若有若無的微笑，也可以掩蓋妳內心的慌亂無措，讓對方摸不透妳的底細，讓妳搶佔先機，獲得精神上的優勢。

辦公室狠辣行為通則

懂得辦公室禮儀，可以保證妳不去觸犯那些禁忌，可以不讓人覺得妳沒有職業素養，可以讓妳成為一個拿得出手、不給公司添亂抹黑的員工，但是要想獨當一面，從千軍萬馬裡突圍出來，讓同事們心甘情願的唯妳馬首是瞻，讓上司發現妳的才幹和長處，還需要更高級別的修練。

1．關鍵不是妳認識誰，而是誰認識妳

那些權貴、政要、名人，想要認識他們、巴結他們的人排隊排出幾條街，或真或假拿他們當幌子往自己臉上貼金的人也必然多得不計其數，這無可非議，人嘛，互相踩梯子給臺階，互相吹捧才能皆大歡喜，但是最終效果如何，就得看這梯子借得是不是夠高明了。身為一個無名之輩，妳認識誰不見得是件多重要的事情，就好像劉德華、王菲我們大家都認識，但也就僅止於認識，誰都做不出什麼文章，但是如果那些權貴、政要、名人認識妳，那就不僅妳自己可以拿出來炫耀，妳身邊的人也會對妳刮目相看。

小如在公司是個普通的文秘，多數時間都是做做會議紀錄、安排經理的事務日程，偶爾去總公司送點資料。有一次送完資料下樓正好和集團李總進了同一部電梯，小如不失時機的問候：「李總您好，我是銷售部的小如，過來送文件的，遇到您好巧啊！……我們部

門這季做了幾個訂單，經理說這幾個客戶都是您比較關注的呢！相關文件我都交到黃小姐那裡了……」電梯裡短短的一兩分鐘，小如已經清楚明白地說明了自己的身分和來意，其清晰的表達能力和優雅的裝束也給李總留下了不錯的印象。沒過多久，李總到屬下部門視察，小如跟在經理後面迎接，在經理與李總寒暄完之後，小如略一彎腰伸手，微笑著說：「李總請進。」李總就隨口搭了一句：「哦，小如啊！最近工作怎麼樣啊！」雖然只是簡單的一對一答，同事們可都看在眼裡。私底下就有人議論小如跟李總有點沾親帶故，問小如時，小如也只是輕輕笑一下說「沒有啦」，並不把原委解釋清楚。因為這個緣故，辦公室的人再面對小如時也就禮貌許多，不再趾高氣昂了。

2．堅定維護自己的正當權益

雖然說，在辦公室裡不能要求百分之百的公正，也不要事事都和同事比較，但是涉及到自己應得的正當權益，一定不能心慈手軟。譬如說，妳為公司做出了比較大的貢獻，但是薪水一直沒有調漲，妳可以直接去找上司要求加薪，但千萬不要列舉說某某人工作沒妳好薪水比妳高，妳只要這樣說就出師不利先失一局了。現在很多公司實行的都是薪酬保密的原則，妳這樣說就意味著妳去刺探了他人的收入，違反了公司規定，而且讓老闆覺得妳是出於嫉妒而提出加薪要求，反而對妳心生反感，忽視妳的能力。正確的做法是擺出自己為公司做的貢獻，理直氣壯的要求更高待遇。選擇一個好的時機可以讓妳事半功倍，譬如自己剛為公司帶來巨大利益的時候。

維護自己權益的時候，切忌採用威脅方式，譬如揚言不加薪就走人，譬如故意散布消息說某獵人頭公司要以多少薪水挖妳過去。如果這是妳的真實想法，那麼妳還算是有後路可退，可是萬一上司看穿了妳的把戲，不吃妳這套，妳就落入進退維谷的尷尬局面了，更壞的局面是還會引起上司對妳的提防。

雖然說維權一向不易，弄不好還會得罪了上司，但是還是不能當軟柿子被人隨便捏。一個聰明的上司，會知道有欲望的人更有動力，也會知道一個連自己的利益都不能維護的人，更談不上拼命去維護公司的利益。

3．精於業務

不管妳有多麼美麗優雅，也不管妳為人有多麼圓滑高超，要始終記住一點：妳是來工作的，公司付薪水請妳來是做事情的。所以，永遠不要本末倒置，凡事分出個先後主次，在辦公室裡，工作才是重中之重。如果妳該做的報表沒做好，該完成的銷售任務沒完成，該聯繫的客戶沒聯繫，該交的報表沒有做好，那妳憑藉什麼在公司裡立足？妳憑什麼去爭取更好的待遇，妳憑什麼在同事中提升高自己的權威？

4．必要時做那隻出頭鳥

都說「木秀於林，風必摧之」，都說「槍打出頭鳥」，可是對於傳統含蓄的中國人來說，出頭鳥不是太多，而是太少了，從小就受著孔老夫子中庸思想的影響，骨子裡都帶著點琢磨和思量。現在的年輕人好很多了，知道張揚個性、知道爭取自己利益，但是這裡說到的「出頭鳥」，並不只是張揚而已，而是「引領」和「擔當」。

比如部門同事都想出去郊遊、聚餐，上司想辦個表彰小PARTY，大家都只有意願卻沒有執行力，大家都抱著不願出頭給自己添麻煩的想法。這時候妳可以站出來承擔，這其實花不了什麼時間和精力，還能鍛鍊妳的策劃和組織、協調能力，有助於樹立妳在辦公室的中心地位，何樂而不為呢？

每一個固定的人群，如果妳仔細觀察，都會有那麼一兩個人在別人心中是佔有著特別地位的，即使他沒有明確的官銜和授權，別人也通常習慣聽他的意見、接受他的指導，這就相當於是無冕之王，相當於是一種自然領袖。一旦當這個群體需要一個新的帶頭人時，這個自然領袖就是最好的人選。這種現象也可以引入到職場當中，如果想順利的加薪升職，最好的辦法就是讓自己成為必不可少的角色，成為眾人的「主心骨」。主動請纓負責一些關鍵專案，特別是沒有人想插手的那些專案，妳就可以有充足的理由集合一部分業務、技術人員，組成一個團隊。妳幫公司解決了麻煩，促成了專案，公司當然不會忽視妳的作用。

當然，並不是所有的事情都搶著出頭，只要妳還想在公司繼續做下去，做事之前就要站在上司的角度考慮一下，這種行為是否是他支持和欣賞的，如果妳只憑著一時衝動當了鬧薪、鬧假期的出頭鳥，就等著挨槍子吧！

5．沒有金鋼鑽，不攬瓷器活

知道自己能做什麼，無疑是妳爭名奪利的本錢，而知道自己不能做什麼，則能讓妳少沾染一些麻煩和尷尬。誰都不是萬能的，不可能在任何一個方面都有研究和造詣，「人貴有自知之明」，不要因為一時衝動或者逞強好勝，就接下自己勝任不了的任務和挑戰，到時候搞砸了沒人會替妳背黑鍋。有上進心、求勝心是好事，但小心別步入了好高騖遠、眼高手低的歧途。「不求無功但求無過」雖然是個消極、不值得提倡的處世之道，但也並非毫無道理，在職場上有時候「做錯」真的比「不做」要造成更嚴重的後果。如果妳確實沒把握做好，就不要非要攬到自己手裡，哪怕這是個會名利雙收的好機會，在不合適的人手裡也會變成一個燙手山芋。

飛越新人尷尬期

新人入職，多少都會有些對環境的不適應和對老員工的不瞭解、對公司制度的不明晰，而老員工多少對新人又都會有一點冷眼旁觀的排斥感。所以剛入職的一兩個月到半年，會是比較沉悶和難熬的，很多應屆畢業生閃電入職、閃電離職通常也是這個原因。其實萬事起頭難，只要臉皮厚一點，性子硬一點，工作做得漂亮點，順利飛越新人尷尬期給自己的職場打個良好基礎並不是很困難。

蘑菇管理是許多組織對待初出茅廬者的一種管理方式，這種管理方式是怎樣的呢？新人被置於陰暗的角落（不受重視的部門，或做打雜跑腿的工作），澆上一頭大糞（無端的打壓、指責、代人受過），任其自生自滅（得不到必要的指導和提攜）。雖然看起來很不堪，但這不一定是什麼壞事，當上幾天蘑菇，能夠消除我們很多不切實際的幻想，讓我們更加接近現實，看問題也更加實際。無論妳是多麼優秀的人才，在剛開始的時候都只能從最簡單的事情做起，蘑菇的經歷對於職場新人來說，就像繭，是蝴蝶羽化前必須經歷的一步。如何高效率的走過這個時期，從中盡可能汲取經驗成熟起來，並樹立良好的值得信賴的個人形象，是每個職場新人都必須認真對待的課題。

首先，妳要認清形勢、懂得放低身段，從基礎工作做起，不要眼高手低。曾經有位女博士畢業生，求職很久都找不到合適的工作，職位、薪水都好的要求有相對的經驗和資歷，一般的公司又覺得高價養個博士不划算，再加上女孩子有結婚、生子的麻煩事，更讓這些公司止步了。後來她轉換了求職思路，只拿大學畢業證書去知名公司應徵基層工作。兩三個月熟悉公司的基本運作和流程後，在技術方面給公司提了個很好的改進建議，上司非常滿意，要給她獎勵，面談的時候這個博士拿出了電子技術的碩士學位證書，上司考慮後滿足了她調職的要求，把她安排到技術開發部門。一年後，這個博士在所在的部門做出了相當不錯的成績，這時候她對公司管理層的架構和運作也已經有了足夠的認識，於是拿著一年的工作總結和管理學博士的證書約見了公司老闆，結果如願以償進入了公司的管理層。

對公司領導人來說，從現有員工裡提拔一個已經磨合好並且認同公司發展的人選，遠比招一個彼此都不熟悉的純新人風險要小得多，只要妳表現出足夠的能力和足夠的熱情，就可以具備很不錯的競爭力。

職場新人有必要夾著尾巴做人，不管妳在學校時曾經多麼優秀、多麼風光，都不能代表妳的工作能力。一切都要從零開始，本著謙虛求問的態度，多工作少說話，孤芳自賞、恃才傲物只能讓妳失去更多進步的機會。尤其對女孩子而言，大部分人還是存在著很強的男強女弱的傳統觀念，一個剛入公司就很搶眼、很自我的女性，只會給上司和同事留下咄咄逼人的印象，會讓人覺得妳太具侵略性，要知道，有抱負、有創意是好事，但切記勿鋒芒太過、自作主張。

新人更要注意溝通協調。其實，協調對女性來說本來就有先天的優勢，因為女性更懂得感受對方的想法，也更能提供和諧的氛圍。盡早融入同事之中，盡早獲得大家的認可，不論對妳自己，還是對這個部門來講都是更好的選擇。欲先取之，必先予之，想得到對方的尊重妳就要去尊重別人，想讓同事親近妳，妳就得主動友善的親近同事。溝通協調有助於新人更快融入團隊、熟悉同事，不僅可以給自己營造一個輕鬆和諧的工作環境，也有利於工作任務的開展和完成。

新人一定要勤奮踏實。俗話說三百六十行，行行出狀元，單對於不同的工作崗位來講，每個崗位都是不可或缺的，即使妳暫時看不到升遷的機會，也要踏實點、勤奮點，先把手頭的工作做好，不要吃著碗裡的看著鍋裡的，看見別人輕鬆拿高薪心理不平衡，遇到瑣碎的工作又不願意下手，能躲就躲、能藏就藏，這樣永遠成不了大事。世界石油大王洛克菲勒初入石油公司的時候，既沒有學歷也沒有技術，只能做最簡單枯燥的工作，檢查石油罐蓋有沒有自動焊接好。半個月後，洛克菲勒就忍無可忍要求調換工作，但是被回絕了，於是他決定先把這個工作做好再說，他開始仔細研究焊接劑的滴速與滴量，發現每焊接好一個罐蓋，焊接劑要滴39滴，但實際只要38滴就可以完全焊好。經過反覆的測試與實驗，洛克菲勒研製出了38滴型的焊接機，每年可以為公司節約5億美元的開支，這也成為了他走向成功的第一步。

責任心很重要。遇到大事，誰都會認真處理、謹慎對待，可是對於瑣碎平凡的小事，很多人卻忽略了。千里之堤毀於蟻穴，任何一個細節沒做好都有可能對最後結局產生重大影響，工程圖計畫書中一個小數點的錯誤有可能導致樓塌橋陷的慘劇，醫生和護士的一個小疏忽有可能毀掉病人的生命。職場新人做每件工作、每一件事情，都要看到事情的重要性，這也是向上司或同事展示自己價值的機會，只有做好每件事，才能真正贏得信任。

最後，要注意搞好人際關係，人勤快一點、嘴巴甜一點，盡早的融入辦公室的人際圈，才能使自己在職場上不孤單。

第三節 那些綿裡藏針的辣招

職場如戰場，表面上沒有硝煙、沒有旌旗、見不到血肉橫飛，本質上卻也是鉤心鬥角、妳死我活，冷不防挨一悶棍就夠妳吐半碗鮮血，妳還不能吐到別人身上，自己找一角落慢慢嚥，妳還別哭、別喊疼，怕疼就別上戰場啊！妳退出了說不定多少人偷偷竊喜呢！劍客的最高境界是人劍合一，招式的最高標準是無招勝有招，所以撒潑犯渾那種硬來的套路永遠登不了大雅之堂，真正高明的是那些綿裡藏針讓人不知不覺就著了道的辣招。

搞定妳的上司

很多人不喜歡女性員工，覺得女人太麻煩、太情緒化，生個孩子得休息好幾個月，失戀了搞不好還得消沉半年，再加上大部分的女人永遠是把家庭放在第一位，工作靠邊站，就更加不討上司的喜歡了。不過有弊就有利，儘管女人不容易在事業上做出成就來，但一旦有搶眼的表現，就更容易在上司面前贏得關注、獲得提升。

1．懂得上司的性格和行事習慣

知己知彼是戰前必不可少的一項準備工作，尤其對手是妳的上司的時候，雖然說他掌握著妳的生殺大權是有些誇張，但他影響著妳的薪水、職位、待遇卻是實情。瞭解上司的性格和行事習慣，會成為妳以後發展的一個推動力。如果妳剛到一個部門或接受了新的工作，多向周圍同事瞭解一下上司的習慣和要求，是幽默風趣的還是深沉嚴肅的，是錙銖必較的還是寬容大度的，是親民型還是高高在上型……這些都有助於妳提前調整好自己的心態，選擇一種最有效、最直接的方式去跟妳的上司打交道，縮短磨合期，提高配合度。

對於不同性格的上司，妳可以採取不同的交流方式，外向型的人更喜歡面對面的溝通，而內向型的人更喜歡文字交流，妳可以發E-mail，寫留言條和備忘錄。如果上司是放手型，妳只需分階段向他彙報進展；如果上司是事必躬親型，妳不妨和他一起探討方案；如果上司是獨斷專權型，妳就裝模作樣提點建議然後按照他吩咐的做就是了。

2．打造與上司相似的風格

人會對與自己有最高程度相似性的人產生熟悉感和信任感，容易建立起更良好的關係。譬如穿衣風格，在保持比上司低調的基礎上盡量向他靠近，如果上司多數穿很嚴肅的正裝，那麼妳也應該選擇幹練整潔的正裝才行；如果他的打扮休閒，那麼妳也可以稍微放輕鬆一點。如果上司對服飾的某個細節很偏愛，那麼妳也要多注意自己的這個部分，如果他的皮鞋每天都一塵不染，妳也要隨時保持自己皮鞋的清潔，如果他的頭髮永遠一絲不苟，妳就不要披頭散髮的出現在他面前。

更關鍵的是行為，如果上司說話、做事乾脆俐落，那麼妳的猶豫和拖遝會讓他看得冒火，如果上司心思縝密不急不躁，那麼妳的粗心大意冒冒失失同樣不會讓他產生共鳴。總之，他會十分樂意看到妳與他靠近，以行動向他致敬的。

3．讓上司看到妳的能力和成績

老北京天橋賣藝的有一句話：「只說不練是假把式，只練不說是傻把式。」工作中也是這樣，如果悶著頭一味工作，很有可能就成為默默耕耘為他人做嫁衣的老黃牛，出力加班的是妳，升職加薪則沒有妳的分。

有絕大多數人認為沒有必要刻意去向上司彙報、請功，他們認為老闆一定能看到自己做出的成績。其實這樣想就錯了，如果妳是上司，妳會每天盯著看每個員工做了哪些工作嗎?消極等待和單純默默工作都是不夠的，妳要努力找機會、創造機會讓老闆知道妳的想法、看到妳的表現。這就需要妳定期的、主動的把自己的工作進度和完成的任務向上司彙報，讓他看到妳的存在及貢獻。此外，妳還可以主動申請培訓新員工，來表現妳的熱忱和領導能力，在會議討論時積極提出自己的建議和看法，愉快的接受新任務，讓上司看到妳對工作的熱情和努力。

妳還需要分析哪些行為會受到支持和肯定，如果妳的上司覺得加班很重要，就巧妙地讓他知道妳在加班；如果妳的上司覺得效率很重要，就一定要趕在限期之前把工作做好；如果妳的上司很注意細節，就盡量不要漏過並且讓他知道妳為這些費了多少心思。

4．面對批評要表現冷靜不卑不亢

當我們還是小孩子時都被父母批評過，當學生時被老師批評過，當員工時呢？當然也免不了被上司批評。被批評的確是一件令人苦惱的事情，不過不需要把這份懊惱和不滿寫在臉上，如果自己確實做錯了或者需要修正，應該感謝上司的指點；如果是上司錯了、誤會了，那就等他說完，然後冷靜的、明白的把事情說清楚，不要自己背黑鍋；如果是非對錯還有待商榷也應該讓對方知道妳已經明白他的所指，會認真考慮。

不卑不亢、寵辱不驚的表現，會讓妳看起來更自信、更值得尊敬，讓人知道妳不是一個剛愎自用或者承受不了挫折考驗的人。現在有些剛步入職場的小女生，在家被父母寵壞了，自由自在、無法無天，自己並不懂多少業務上的事情，又不虛心向別人請教，一旦做錯了，被批評時心理還承受不了，在辦公室裡居然能跟上司哭個鼻涕、眼淚一把抓，逼得上司還得哄她。拜託，職場就是職場不是幼稚園，上司能忍妳一次、忍妳兩次，如果妳不上進絕對不會一直遷就下去。所以，先把自己強大狠辣的內心打造出來吧！

5．用恰當的方式提要求

上司都希望自己的員工像老黃牛一樣，吃的是草擠出來的是奶，只問耕耘不問收穫，但對員工而言，誰都想獲得更好的報酬和待遇，有些人一直猶豫著不敢提出來，有的人提出來但是被否認了，還有些人事前就做了多手準備，手裡有足夠的籌碼，採取了恰當的方式，就可以讓自己的要求得到滿足。

有一位教徒問神父：「我可以在祈禱時抽菸嗎？」他的請求遭到神父的嚴厲斥責。而另一位教徒又去問神父：「我可以在抽菸時祈禱嗎？」後一個教徒的請求卻得到允許，悠閒地抽起了菸。這兩個教徒發問的目的和內容完全相同，只是語言表達方式不同，得到的結果卻剛好相反，從這裡就可以看出，高明的表達技巧更容易讓妳達成願望。如果明知道一個要求很難獲得上司的允許，不如另闢蹊徑換個角度詢問，或者給上司一個巧妙的選擇題來渾水摸魚。

6．及時補漏，給上司面子也就是給自己面子

上司也是凡人不是神仙，所以有點疏忽、出點紕漏也是難免的，這個時候如果妳能及時補漏或者及時提醒，上司會對妳有那麼一點點的感激，妳給上司面子，上司也就會給妳面子。

如果上司找不出合適的方式來表達他的想法，陷入「茶壺裡煮餃子，有話倒不出」的困境，而妳恰好聽明白了，可以說：「您的意思是不是……？」或者「您的這些話，我可不可以這樣解釋？……」不著痕跡的幫上司把思路理順。

如果是在會議上，上司發言有疏漏、表現失當或有理解錯誤的地方，最好的辦法不是直接站出來指出，而是給上司傳個紙條提醒。私下溝通的效果遠好於當眾給上司難堪。

7．不能搶了上司的風頭

任憑妳是多麼人見人愛、花見花開，有上司在的場合都要收斂一下，不能搶了上司的風頭。吃苦受累妳來，風光榮耀上司來，別覺得不公平，這個世界就是這樣，真的忍不了妳就發憤圖強，等妳坐到上司的位子，照樣也會有手下替妳貼金，這是天性。

跟上司一起走路的時候不要走到上司前面，進門、進電梯的時候例外，要緊趕兩步上去開門、按電梯。跟上司一起出席會議時，要坐在上司的左邊偏後，因為人的潛意識裡右邊

是具有控制性和競爭性的。公司聚會的時候，敬酒時妳的杯子一定要比上司低，上司可以隨意妳一定要乾。K歌的時候上司唱得再難聽、再跑調，妳也要鼓掌喝采、甘之如飴，絕對不能說實話。裝扮不能比上司還貴氣，身材不能比上司還福氣，不然被初次見面的人認錯是很尷尬的事情。

8．不要越級行事

權力層最忌諱、最害怕的是什麼？就是屬於自己的權力被架空。而越級行事這個動作，正是妳蔑視他權威、忽略他存在的一個表現，即使妳自己沒有意識到，但妳的上司他一定會這樣認為。妳是否曾經把該經過上司審核的文件直接交給上司的上司？妳是否曾經沒有請示上司就私自做了決定？妳是否曾經把上司交代的工作擱置一邊而去給其他部門當幫手？從現在開始，不要再做這些傻事了，妳挑戰了上司的權威，即使他夠寬容不找機會給妳小鞋子穿，也別指望他會給妳論功行賞了。

陳洛在這家公司工作了三年了，一直都是技術部的骨幹，為人幹練熱情，不但每次都能很好的幫客戶解決技術問題，在辦公室裡也穩穩坐著大姐大的位子。後來技術部的主管被調到其他分公司，大家都以為新任主管應該是非陳洛莫屬，但最後人事命令下來卻是才進公司一年的新人小夏。陳洛自己其實並不怎麼喜歡管理的工作，她倒是樂意做單純的技術員，但是這樣被拂了面子，總覺得有點不爽，私下打聽才發現，原來小夏是公司老闆的親戚，專長就是企業管理，特意安排到基層部門磨練的。跟他爭顯然是不明智的，於是她迅速決定乾脆利用上司的補償心理爭取提高自己的待遇。陳洛寫了一份詳細的工作報告，把入職三年來負責的重要專案、曾經承擔的重要工作、給公司提過的創造性建議、幫公司解決過的大麻煩等，詳盡地列出來，然後拿著這份報告敲開了上司的辦公室門。開門見山的說自己在公司已經做了三年了，技術部的大樑也一直是自己挑著，從完成工作的數量和品質上自己感覺還相當滿意，而薪水卻沒有相對的提高，所以寫了份總結想聽聽上司的意思。另外技術部門剛剛完成了一個大專案，之前加了很多的班，身體需要調養，想申請休年假。陳洛聰明的沒有提任命主管的事情，她的上司本來還擔心該怎麼向她解釋，這下反而鬆了一口氣，於是很輕易的批准了她的年假。等陳洛休完年假回來，發現薪水也悄悄地提高了。

搞定妳的同事

1．同事是妳的競爭對手但不是敵人

同事之間存在競爭是必然的，但是這種競爭多數情況下並不是妳死我活、勢不兩立，而是互相協助、互相促進的狀態。

一位動物學家對生活在非洲大草原奧蘭治河兩岸的羚羊群進行過研究。他發現東岸羚羊群的繁殖能力和奔跑速度都更加出色，而牠們和西岸羚羊的屬類、生存環境、食物來源都是一樣的。後來經過仔細觀察發現，原來是因為東岸附近除了羚羊，還生活著一個狼群。優勝劣汰這一大自然的規律在人類社會中也同樣存在，完全沒有競爭的環境會消磨人的意志、打消人的鬥志、渙散人的雄心，只有在競爭的環境裡，我們才能更快、更好地成長發揮。競爭才是真正促使妳成功、讓妳堅持到底的因素。

2．原則問題據理力爭

做人要有原則，做事情也要有原則，不能像塊黏土一樣，別人怎麼捏妳就怎麼變。這樣雖然暫時遂了別人的願，但得不到別人的尊重，而妳也將淪為職場可有可無的濫好人。非原則問題可以大而化之一笑置之，原則性問題則一定要據理力爭，切不可和稀泥胡亂對

付。

3．擴張自己的領地

擴張領地其實是動物的一種本能，很多動物都會採用氣味等標記來表明自己對某個區域的所有權。對職場中的人來說，對空間的佔有也是表明自信與資格的一種方式，就好像一般員工只能共用格子間，高級主管可以獨享一間辦公室，而老闆的辦公室甚至可以是包含休息室、會客室等等的套間。所以如果可以選擇，妳可以大膽要求調換位置更好、採光更棒的座位，如果不行，妳可以多佔用一些公用資源，像是公用的文件櫃和休息臺，只要妳先佔有了那個位置，一般來說不會有人再試圖去挑戰妳的權威。

4．不要讓同事瞭解妳的隱私

同事之間可不可以成為朋友？當然可以，但是要注意同事之間的關係一般來說再親密也不如朋友那麼簡單、單純，其中難免會夾雜些譬如職務、薪水的比較，而女人恰恰是最受不了比較的。如果妳對朋友的界定比較現實，把同事發展成朋友當然是可行的，大家互相切磋、互相促進、互相利用，緣盡後各自拍拍屁股走人；而如果妳對朋友的界定比較理想化、比較陽春白雪，那奉勸妳把工作和私人分開，激烈的職場競爭足以摧毀女人之間的友情。當朋友可以，但不要好到同進同出連隱私都彼此不避諱的地步，小心這些有可能會成為日後攻擊妳、醜化妳的工具。

5．不做局外人

辦公室裡有不同的派別，有不同立場的職員，有大大小小的圈子，這些圈子有可能是流言的發源地，有可能是內部消息的發布場，有可能是某種利益共同體。也許妳不屑於這種拉幫結派的作風，也許妳不屑於聽這種被人嚼了幾遍的小道消息，也許妳清高到不屑於與別人閒談雞毛蒜皮的話題，要小心哦，這會使妳慢慢滑向比較危險的邊緣，使妳成為職場的局外人。被孤立的下場就是不會再有人邀請妳參加社交活動，不會再有人熱心的向妳通報公司裡最新的人事變動和業務情況，不會再有人詢問妳的意見，妳會成為被大家刻意忽略的那個人。而適當的介入某些圈子，可以讓妳有更多管道得到更多資訊，瞭解到行業的最新變化，得到別人的關心和指點。

小嫻在辦公室的人緣一向不錯，她做事勤快、手腳俐落，該是她的事絕不推三阻四，別人如果需要幫忙，她也從不推托，再加上她心態平和，明眼人一看就知道她不同於那些迫不及待圖表現求升職的人，因此大家和她都十分親近。

但辦公室畢竟是利益攸關的地方，或多或少總是會出現矛盾，小嫻雖然韜光養晦，但事情也終於找到了她的頭上。原來，辦公室裡有位女同事因為生產休息了好幾個月，而她所負責的業務便被經理交到了小嫻的手上。小嫻也沒多想，一心一意把工作做好就是了，可是等女同事休完產假後回來，事情就變了。原來，那同事眼看小嫻將自己的業務打理得有聲有色，公司沒有自己照樣運作得很好，不免有些不滿，再加上那些客戶覺得小嫻更值得信任，有什麼事都直接找小嫻，更讓她覺得嫉恨。從此，這位同事開始處處為難小嫻，還經常向經理打小報告指責小嫻的工作，弄得小嫻十分的為難。

想來想去，小嫻決定以不變應萬變，她依然認真的做好自己的事，對於這位同事的指責也從不爭辯。終於等到了年終，小嫻的業務成績在所有人中遙遙領先，並且在慣例與經理一對一的談話中，她又拿出了詳細而嚴謹的工作報告，讓經理大為讚賞，而趁經理高興的時候，她也委婉的表達了那位同事對她的批評所造成工作上的困擾。就這樣，新的任命很快下來了，小嫻晉升為組長，而那位女同事則成為了她的直系下屬。

搞定妳的手下

在職場中，女上司的身分難免有些尷尬。男人好面子和自尊，如果身處女上司之下，總覺得壓制了自己的志氣，要是做錯了事挨罵，更是覺得沒有面子；而女人呢？面對著同樣是女人的上司，總覺得她會心胸狹窄地排擠自己，比她漂亮、比她年輕都會成了眼中釘。不過女上司的角色雖然不好扮演，總還是有些好辦法可以依樣畫葫蘆，讓妳輕鬆搞定手下。

1．樹立威信

當上司的什麼最重要？不見得技術最好，也不見得學識最高，重要的是兩點，一是要有威信，二是要有相當的領導和組織才能。樹立威信需要德才兼備，做遵守制度的表率，身為領導者不能凌駕於制度之上，否則服不了人心。還需要軟硬兼施，尤其對女性領導者來說，適當表現出女性的柔和與信心，會讓下屬覺得如沐春風。當下屬有錯誤時，切記對事不對人，共同商討補救的辦法，即使不能補救也要杜絕再犯，但不要讓過分的批評和懲罰使對方生出怨恨感。

2．知人善任

英國海軍名將威爾遜小時候，有一年冬天遭遇了一場暴風雪，他弟弟望著窗外的大雪心生畏懼想曠課一天，威爾遜知道後言情並茂向弟弟曉以大義，男兒不可因一點小困難就退縮，吃得苦中苦方為人上人……最後，弟弟打開家門冒著狂風暴雪去學校——幫哥哥請病假。第一次看到這個小故事的時候，難免為最後的結局啞然失笑，笑完了不禁感慨，威爾遜的領導才能原來在小時候就已經充分顯示出來了，能夠煽動別人為自己賣命的人堪稱領導天才。

知人善任是成為一個好領導的重要技巧，領導不可能一個人完成所有細部工作，妳需要做的是知道妳手下的哪個人能做什麼事情，然後將工作分配給不同的人，經過組合，得到一個完美的結局。在組織之內，信任的力量是很強大的，分派任務的時候，一是要按照每個人的不同專長和特點分派給他們最恰當的工作，二是要使他們深刻的感覺到妳已經將部分權力交給他們，進而使他們產生一種使命感和責任心，更好的去完成任務。

3．釜底抽薪

辦公室中一種良好的氣氛風氣的形成，需要較長的時間，而一些壞習氣的滋生和傳播則快得超乎想像，這時候與其揚湯止沸，不如釜底抽薪，妳需要搞清楚問題的根底和來源，下手要穩、準、狠，僅僅殺雞儆猴是不行的，無辜的不能被冤枉、被牽連，而該懲罰的不能放過。

如果把一湯匙酒倒進一桶污水中，妳得到的是一桶污水；如果把一湯匙污水倒進一桶酒中，妳得到的還是一桶污水。幾乎在任何組織裡，都存在像污水一樣的人物，而且具有驚人的破壞力。一個正直能幹的人進入一個混亂的部門可能會被淹沒，而一個無德無才者能很快將一個高效的部門變成一盤散沙。破壞總比建設容易。如果妳的部門裡有這樣的人，妳應該馬上把他清除掉；如果妳不能這樣做，應該盡量把他隔離開，就好像一個懶惰的員工，如果妳不能把他變成誠懇敬業的人，那起碼應該在他偷懶時讓他感覺到不痛快、不安全，讓他感覺到偷懶的恥辱和危險。

4．激勵制度

適當的激勵制度可以建立起一種良性的競爭，而在競爭的同時，妳需要讓手下知道妳們依然是一個團隊，妳們的大目標是一致的，這有利於去掉競爭中狹隘、偏激、對立的部分。每達成一個階段性目標時，需要總結或者放鬆一下，譬如開個內部的慶功會，大家一起出去聚餐、K歌，既可以讓大家享受一下努力工作的成果，又可以培養同事之間良好的關係和互動，為促進良性競爭打下感情基礎。

5．不用私人好惡去評價員工

每個人的評判標準和好惡觀念都是有差別的，對一個領導者而言，評判妳手下是否是個好員工最要緊的是他是否勝任工作、是否遵守規章、是否對其他同事產生積極影響，而其他方面，譬如是否嗜菸好酒、私生活如何、有什麼信仰，則是次要的。

舉個小例子，假設我們要從以下三個候選人中選擇一位來造福全世界，妳會選擇哪一位呢？候選人A：篤信巫醫和占卜家，有兩個情婦，有多年的抽菸史，而且嗜好馬丁尼酒；候選人B：曾經兩次被趕出辦公室，每天要到中午才肯起床，讀大學時曾經吸食鴉片，每晚都要喝大約一公升的白蘭地；候選人C：曾是國家的戰鬥英雄，保持著素食習慣，從不抽菸，只偶爾喝點啤酒，年輕時從沒有做過什麼違法的事。看到這些資訊我想大部分人會認為A和B各有瑕疵，而C是個不錯的選擇。那麼讓我們來看看提出這個概況的原型人物吧！A是富蘭克林．D．羅斯福，B是溫斯頓．邱吉爾，C則是阿道夫．希特勒。

人是很複雜的，所以看人的時候也不要簡單化、公式化，如果妳身為領導者，需要明瞭自己的身分和職位，明瞭彼此的關係，盡量客觀公正而非主觀的用私人好惡去評價員工。

康做了四年總經理秘書，老總脾氣暴躁，經常為一點小事發脾氣，這個時候都是康出面調解，平息老總的怒氣，因此大家都非常喜歡她。

因為工作出色，康很快被晉升為辦公室主任，因為長年在脾氣暴躁的老總手下做事，這讓康打定主意要做個平易近人、和藹可親的上司，因此她對下屬十分的親切。

辦公室的工作繁雜而瑣碎，就算下屬出了點什麼錯誤，她也往往包容了事。有一次，康要下屬偉趕一份很重要的會議資料，第二天她要用，誰知道偉第二天卻輕描淡寫的告訴她沒有完成，因為自己臨時有些私事要做。康雖然有些不滿，卻沒有批評他，而是自己將資料做了出來。偉因為沒有受到批評，很是得意，就這樣久而久之，他越來越放肆了。每當康要他做什麼事情時，他總是有大大小小的理由拒絕，把事情都推給康去做，而且他還開始在別的同事面前宣揚康的無用。漸漸的，其他同事覺得既然偉什麼事都不做也不會受批評，那自己為什麼不能呢？於是大家對工作都開始推三阻四，將事情都推到了康的身上。

終於，康發現自己不能再這樣縱容下去了。她選擇了偉做為目標，取消了他這個月的獎金，並告誡他如果再不能按時完成工作，就將收到辭退信。受到警告的偉垂頭喪氣的回到自己的崗位上，而其他人看到這一幕，也開始認真的工作了。

搞定妳的客戶

一提到客戶，很多人下意識的都會覺得是做銷售工作的需要面對的問題，其實不然。說開了，人生也就是一個推薦和銷售的過程，妳把自己推薦給公司、推薦給朋友，公司把產品，不論是電子產品還是報章雜誌、不論是建築工程還是廣告設計、不論是文化還是物質，都需要推出去贏得客戶群的認可和需要才是最終目的。也就是說，各行各業其實都有其一定的客戶群，沒有客戶的最終認可，妳所有的前期工作都無處落腳。

而對女人來說，要面對客戶就更是問題多多了。既不能像男人一樣和他稱兄道弟，離得近了恐怕會流言紛紛，而且又不能保證對方是正人君子，離得遠了又無法打動客戶。不過難歸難，有些法則學會了，總是能夠讓妳輕鬆搞定的。

1．提前分析、對症下藥

又忍不住要借用這句話了：「知己知彼，百戰百勝。」簡直是放之四海而皆準的一個理論。對不同的客戶採用不同的策略，對症下藥才能有事半功倍的效果。面對精明者，應當務實細緻、不卑不亢、據理力爭、步步緊逼；面對奸詐者，應當巧妙周旋、沉穩不露，搜尋其弱點，掌握時機火候，在其要害處重重一擊；面對老實倔強者，應當熱情主動、謙遜隨和、善解人意，以至誠至信打動對方。

2．良好的談話技巧

在商務交往中，對商務人員的談話技巧有很高的要求，不一定要伶牙俐齒、妙語連珠，但必須具有良好的邏輯思維能力、清晰的語言表達能力，在談話之中保持自己應有的風度，明確自己的立場，始終以禮待人，控制談話的導向和氣氛，針對不同的人與事，來加以靈活地運用。

3．管理客戶的重要資訊

每個人都希望自己對別人而言是重要的、特別的，所以妳能準確無誤叫出對方的名字和職務，妳知道他所在的公司，妳知道他所從事的行業……這都很好，基本合格，但其實妳還可以做得更好，如果妳在會面時替他準備了他喜歡的飲品、在他生日時送上貼心的小禮物、談話時問候一下他視若珍寶的小女兒，可以頓時拉近他與妳的心理距離，讓對方覺得妳是真的在意他、重視他，而不僅僅是簡單的業務往來。

如何做到這一點呢？做一份客戶資訊管理表吧！把妳知道的資訊隨時添加進去，有需要時翻閱一下，這會成為妳的一個祕密寶藏。

4．拒絕要堅定

面對客戶的要求，如果在己方可以接受的範圍之內當然可以皆大歡喜，但如果已經越過了底線，那拒絕就是要面對的問題了。拒絕的時候態度一定要堅定不留餘地，不要讓對方察覺到妳的猶豫，進而不甘心的與妳展開拉鋸戰，這樣的結果既浪費雙方的精力和時間，又會讓對方感覺妳固執不通情理，不如一開始就斬釘截鐵。當然措辭上嚴密，態度上則要委婉一些，沒有哪家公司喜歡揮舞著棍棒打跑客戶的員工。

5．運用「威脅」策略

威脅其實是談判的一種技巧，提出超出對方底線的要求，給己方更多的迴旋餘地，給對方更大的壓力，這樣即使表面上做了讓步後，也依然可以達到最初的目標。比如妳直接說要在別人牆上開一扇窗戶，人家肯定不會答應，但是如果妳作勢要拆了這面牆，那麼最後協商的結果肯定不會比只允許妳開一扇窗戶更差。

6．維護客戶的面子

大家都知道英國的溫莎公爵吧！沒錯，就是要美人不要江山的那位，他不僅是位性情中人，在待人接物方面也相當有風範。有一次英國王室舉行了招待印度當地首領的晚宴，由當時還是皇太子的溫莎公爵主持。宴會中達官貴人們觥籌交錯氣氛融洽，但就在宴會要結束時出了小插曲。侍者為每一位客人端來了精緻小巧的銀質洗手盆，印度客人誤以為是水杯，端起來一飲而盡，在座的英國貴族們目瞪口呆，不知如何是好。這時候溫莎公爵不動聲色的也端起面前的洗手水，自然的一飲而盡，於是大家紛紛效仿，避免了即將發生的尷尬和難堪。

在商務活動中要謹記，任何時候都不要讓妳的重要客人或者客戶在小事上陷入尷尬境地而出醜，妳應該積極主動的維護客戶的面子和尊嚴，否則，妳就會在大事上出醜。

7．不要阻止客戶說出拒絕理由

經常可以見到有些人想要說服對方的時候，一味滔滔不絕的闡述自己的觀點，不讓對方有表達看法的機會，以為可以用這樣狂轟濫炸似的疲勞戰術取得勝利。這是不明智的，就好像現代的商戰中，大家都已經認同共贏模式，談判也是，只從單方角的考慮不是最好的選擇。妳只有讓對方說出拒絕的理由，才能知道他抗拒或者猶豫的原因是什麼，知道了這些才有利於妳有的放矢照方抓藥。

8．不動聲色勝過急於表現

高手過招，都是靜待對方先出手，看清對方的套路和心態才從容拆招，凡是那些一上來就氣勢洶洶、喊打喊殺的，都只是暖場的龍套角色。太急於表現和求成，往往容易被對方抓住弱點，而陷自己於不利的場面。

丹是一家五星級飯店的公關部經理，身為女性，她非常懂得善用自己天生的優勢。其他人會覺得女性客戶更為挑剔敏感，但對丹來說，要拉近和女性客戶的關係是十分輕鬆的事。她經常會和女性客戶相約購物或健身，介紹她們自己中意的美容師，如果買了什麼十分滿意的服飾，也會在平常電話中通報一聲，互相分享最近的收穫。就這樣，透過溫情的溝通，她很輕易的和客戶建立起了友情，並提升了合作上的穩定度。

同時，丹也是個細心而聰明的女性。她記得所有客戶的生日，在平時的交往中會細心觀察客戶的喜好，並且總能在適當的時候送上適合的禮物和問候，給客戶一份意外的感動和驚喜。就這樣，丹始終擁有著最穩定、最忠誠的客戶群，所有人都對她讚不絕口。

善於利用危機

危機管理是一門學問，當危機出現時，通常會帶來比較大的麻煩和困難，甚至造成巨大的損失，但如果處理得當，危機又可以轉化為機會，開闢另一種思路或者建立另一種良好形象。都說亂世出英雄，如果平日裡大家都安安穩穩、風平浪靜妳很難有出頭的機會，那麼當危機出現時，說不定就是妳挺身而出建功立業的時候了。

1．以最婉約的方式傳遞壞消息

當問題和危機發生時，千萬不要驚慌失措的衝到上司的辦公室裡報告壞消息，即使不是妳的錯，也容易讓上司遷怒於妳，並且質疑妳處理危機的能力。保持聲調和表情的平靜，盡量避免使用「事故」、「麻煩」這一類的字眼，也就是說盡量婉約，不要讓上司跟隨妳的慌張也變得急躁，同時表達的時候要說「我們」，讓上司覺得不管境況多凶險，妳都會與他並肩作戰。妳表現的越自信，他對妳的信任當然也會越大。

2．迅速成立危機處理小組、拿出危機處理方案

一方面保持冷靜，一方面又要迅速行動。這個時候，切記要狠一點、果斷一點，手起刀落，絕不猶豫。對大的危機來講，一點點的耽擱都有可能造成更大的損失或者更壞的影響。在平時就應該有一套比較完備的處理方案，然後根據實際情況做適當調整，各個處理任務一定要分配到人，採用問責制度，保證每個具體細節都有人負責。

3．善於利用媒體

在這個資訊發達的時代，要想保守祕密是件很困難的事情。如果危機已經造成了一定的公眾影響，與其東遮西掩、含糊其辭，不如主動聯繫媒體、接受媒體採訪，將可以公布的

資訊公布出去，一方面可以避免以訛傳訛造成更不良的影響，另一方面可以向公眾傳達決心和態度，有助於挽回形象。

4．事後總結

吃一塹就一定要長一智，不然就完全沒有價值和意義。危機中暴露出了哪些問題，有哪些地方需要改進，哪些制度需要改善，事後應該仔細思考分析，交個備忘錄給上司。

Chapter 5

男人都愛辣女人

男人喜歡什麼樣的女人？也許什麼樣的女人都會找到喜歡她的男人，但是毫無疑問的是，火辣坦然的女人卻一定會吸引所有男人的目光和心思，讓他們心癢癢、眼花花，得不到又忘不了……

第一節 那些男人教我們的事

調查資料顯示，因為家庭生活瑣事和性格不合而導致的離婚夫婦，佔離婚總數的48%。所以千萬別小看相處的藝術，男女各自的行為差異可以說是造成情侶和家庭矛盾的根源。如果我們能找出這些差異和特徵，避其鋒芒而攻其軟肋，自然可以和諧相處、事半功倍。

火眼金睛看男人

一個人的喜好、習慣，甚至是難以察覺的小細節，都是這個人性格和心理的一種反映，讓我們來看一下，這些常見的情況到底表示了什麼意思？凡事有例外，這裡只說大概情況，要鑽牛角尖的請繞行。

1. 男人對女性身材的愛好體現他的性格

雖然女人都認為苗條一點可以讓自己更有吸引力，但是在男人眼裡，一個女人是否有魅力，是否漂亮、可愛，差不差那幾公分沒什麼大的區別，只要別過分，瘦女人不會因為瘦而遭哄搶，胖女人也不會單純因為胖而遭冷落。男人的審美是很多樣化的，有人喜歡凹凸有致波濤洶湧型的，也有人喜歡太平公主平板型的，有人喜歡苗條伶俐精靈型的，有人喜歡溫厚柔和肉感型的。美不美不只體現在體重和體型上，瘦還有個詞叫骨瘦嶙峋呢！胖還有個詞叫珠圓玉潤呢！只要不是很誇張，各花入各眼，有人吃蘿蔔就有人吃白菜。

雖然女人沒必要單為了取悅男人而去減肥或增肥，但男人對女性身材的愛好可以體現他的性格，這個方面倒是可以重點關注一下。如果一個男人樂觀向上、平和開放，他就會喜歡那種健康豐滿的女人，而如果一個男人壓抑內向，保護慾、控制慾強，他就會喜歡柔弱瘦削的女人。這些潛意識裡的選擇，也許男人自己都不曾體認到，但是回顧歷史可以找到不少例證。中國封建社會一直都是男權盛行，看看不同封建王朝女性的流行體態，就可以分析出當時男性的整體心態。說幾個有代表性的，唐朝是中國歷史上最強大的時代，也是兩性最開放、最寬容的時代，那個時代女性以胖為美，服飾多為低胸裝和抹胸裝，允許女性身體自由生長，強調女性特質的魅力，那時候中國男性的整體心態都是自信、平等、自由、開放的。然後就是最遭詬病的裹小腳，美其名曰「三寸金蓮」，裹小腳最初起源於大概五代或者宋初，宋朝時裹腳還是只屬於高貴女人的特殊待遇，而且要求只是纖直，而不是傷筋動骨那麼誇張。一直到明清，裹腳之風才大大的盛行。不只是裹腳，明清時代的女性還以平胸為美，不僅有又臭又長的裹腳布，還有抹煞女性特徵的裹胸布。明清時代備受周邊列強的侵擾，整個社會的男性都深感壓抑、思想封閉，強烈的內在自卑和強大的外界壓力無處發洩，便轉嫁到比他們更弱的女性身上，要求她們嚴格遵守三從四德，女性的整體形象也就變成了柔弱、平胸、裹足。

現在的社會很多元，男人的整體心態也是多元的、充滿了不確定性的。即使是這樣，男人對於女人不同體態的喜好，仍然可以當做分析瞭解男人的一個重要參考指標。

2．男人對做家事的看法代表了他對家庭分工的認知

傳統觀念是男主外女主內，現代觀念是男女平等，平等到什麼地步呢？夫妻兩個花錢各付各的制，共同工作共同承擔家庭經濟責任，家務勞動共同分擔，或者是請了臨時工誰都不分擔。這對於家庭到底是好是壞暫且不說，先看看八〇年代的婚姻容易出現的問題：八〇年代的婚姻不穩固是大家的共識，閃婚閃離的不在少數，固然有雙方都過分強調愛情而忽視責任的因素，但對於家庭態度的分歧應該也是個很重要的誘因。男人在抱怨我娶了妳回家，結果妳一雙襪子都沒給我洗過、一頓飯都沒給我做過，還要求我寵著妳、哄著妳，過得比單身時還累。女人在抱怨我嫁給了妳享受不到汽車洋房的待遇，我每天跟你一樣的上班、下班賺錢，憑什麼還要我去伺候你呢？而且家事我確實不會做，請個臨時工有什麼錯呢？我可以自己出錢啊！但是問題的關鍵並不在誰寵誰、誰出錢上，而是對於家庭的概

念、對於家庭分工的認知是否一致。

男人最初最原始的對於家庭的認知，源自於他的父母，一般而言他的父母以一種怎樣的模式生活，他就會認同哪一種婚姻模式，這是從小耳濡目染出來的。譬如說他的父親燒得一手好菜、經常下廚討他的母親歡心，他就會認為男人做家務也是天經地義，是維繫家庭和睦的一個方法；而如果他家裡是母親承包了所有的家務，無怨無悔樂在其中的伺候著他父親和孩子，他就會認為做家事是女人的份內之事，他也會這樣去要求他的妻子：妳是女人，妳嫁給了我，妳就應該照顧好我的一日三餐和衣、食、住、行，沒什麼商量的餘地。

男人對於做家事的看法還來自於他的生長經歷，如果他在求學和工作時期遠離父母，生活中的一切事務都需要自己打點和整理，那他就會更獨立一點，他通常也會洗洗衣服、做做飯，洗得乾不乾淨、飯菜好不好吃不重要，重要的是會培養他這個意識，就是：自己的事情自己做，別人沒有義務伺候你。而那些從小到大都生活在父母身邊的呢？父母一直都好好的照顧著他，什麼都不用他操心，他不用關心肉價、菜價多少，他不用關心洗衣機、吸塵器怎麼用，他甚至不用考慮早餐吃什麼、晚餐吃什麼，因為都已經好好的擺在飯桌上，張嘴吃就好了。這樣成長起來的男人依賴性都比較高，即使他在事業上有所成就，他在生活上也依然是不成熟，也就是說他的思想發展是不均衡的。

一般而言，單身時代也把自己的屋子清掃得一塵不染、熱衷於裝飾和烹飪的男人，比較精緻和懂得享受生活，概念裡男女比較平等，不會要求女人必須做家事，但是會要求女人共同承擔經濟責任，大多不會同意自己的妻子做全職太太，他要求的婚姻關係是平等、自由，類似於君子之交淡如水的境界。而那些把家折騰得像個豬窩、髒衣服扔一堆不洗、餓了隨便泡麵應付或者找飯局聚會、床單、地毯、窗簾從不更新的男人，他們潛意識裡是在等待一個女人把自己整理得井井有條，他們渴望女人細緻的關懷，這種人大男人的意識會更強烈一點，認為男人不應該被家庭瑣事所束縛。這裡面比較憐香惜玉的類型，哪怕自己經濟條件不是特別好，也願意讓自己的妻子安逸的待在家裡做幸福的小女人，賺錢給家用對他來說是個相當有滿足感的事情；而這裡面比較好面子的類型是，哪怕自己連家用都賺不來，也依然要求妻子把他像大爺一樣供著，他認為這是身為男人該有的待遇，真不知道他這莫名其妙的優越感是從哪裡來的。最後一種男人比例還是比較少的，但是擇偶時千萬不可掉以輕心。有些女人對這種大男子氣概非常的沒有抵抗力，男人有男子氣概是好事，但一定要確認他是否是性別優越感極度膨脹的大爺型。

3．從男人的朋友圈看出他的為人

一個籬笆三個樁，一個好漢三個幫，人是不能沒有朋友的，尤其是男人，朋友對他們而言有著很重要的意義和作用，所謂士為知己者死，所謂女人如衣服、兄弟如手足，男人之間的朋友關係比女人之間的友情更多了一份義氣和豪情。網路上曾經流傳一個很可愛的小故事：女人一整夜沒回家，隔天跟老公說睡在一個姐妹家裡，她老公打電話給她最好的十個朋友，沒有一個人知道這件事；男人一整夜沒回家，隔天跟老婆說睡在一個兄弟家，他老婆打電話給他最好的十個朋友，有八個人確定男人睡在他們家。有好事之人當下試驗，屢試不爽。與女人急於撇清的態度相比，男人更加重義氣，不惜睜眼說瞎話也要替朋友解圍。

沒有朋友的男人是很罕見的，這類男人不是極端自閉就是有著嚴重的交往障礙；而有朋友的，他們的朋友不外乎分這麼幾種：一起長大、同學、同事、客戶、志趣相投。不同的朋友圈代表了他不同的時代、不同的方面，想要全面瞭解一個男人，打入他的朋友圈是很重要的，從中可以瞭解他的成長過程、家庭狀況、工作情況、興趣與愛好，總之可以打聽到一切妳想知道的資訊。而且物以類聚、人以群分，從他朋友的身上，也可以看出他的生活、婚姻觀念。如果他的朋友大多數生活穩定，婚姻家庭生活正常，那麼可以初步認定這個男人的婚戀觀念也是比較大眾化、比較傳統的；如果他的朋友背景雜亂，離婚的、單身的、頂客的、頻繁換女友的，那妳就要深究一下他本身的想法，要認真考慮妳與他是否值得繼續發展，因為人總是會選擇與自己有共同點的人做為朋友，同時還不斷的受著身邊人和環境的影響。

4．從習慣性動作分析男人的心理

我們平時的說話、聊天是一種語言，而表情、動作又是另外一種語言，同樣可以表達或者暴露我們的情緒和態度。有些動作是習慣性的、潛意識的，這就更能反映出一個人的真實心理。譬如搖手表示反對、拍手表示鼓勵或喜悅，用食指指著別人表示質問，雙手相絞表明這個人精神緊張、內心慌亂無措。

查爾斯王子在出席公眾活動時就有一個幾乎成為標誌性的動作：調整袖釦。這種細微的交叉雙臂的姿態，透露了他在公眾場合下的不安，顯示出他是一個內心敏感、尋求安全感的男人。如果一個人感到焦慮不安，他就會做出類似雙臂在胸前交叉的動作，這個動作把他和外界隔開來，潛意識裡是個安全的空間，類似的動作有調整錶帶或衣袖、翻查錢包、雙手緊握、手抓手臂等。

與人談話時控制不住音量、肢體動作特別多、越講越亢奮的人，基本上是以自我為中心、渴望引起別人注意、激進、熱烈的代表，他們一般對生活充滿了熱情，腦筋也轉得比較快，時常會有新主意湧現，但是容易激動，不善於多方面、多角度的考慮問題，不太會體諒人。

永遠保持衣冠楚楚的形象、吃飯過程中頻頻用紙巾擦嘴、不時拍一下衣服上灰塵的人，是要求完美與準確、冷靜、自律甚嚴的人。工作中屬於比較狂熱的分子，對金錢和地位有著較大的欲望，待人嚴謹甚至有點苛刻，喜歡挑戰。

喜歡玩遊戲或者電動玩具的男人童心未泯，希望在遊戲的世界裡找到樂趣和快感，他們的內心還有一點點幼稚，有種逃避現實生活的念頭，但只要不沉溺其中，也算是個比較正常的紓壓方式。

目光游離有時候表示這個人內心矛盾、驚恐不安，想憑藉飄忽的目光去逃避某些問題；有時候則表示他們的心很難長久專注在同一個事物或人身上。他們內心脆弱、放浪不羈，對生活充滿了不確定感。習慣性皺眉的男人屬於思考型，而且是偏悲觀的思考型。

5．細節暴露妳們的關係

情侶相處的時候，許多小動作都能清楚地標示出兩個人之間的關係牢靠程度，試試看破解這些代表愛撫意義的身體語言密碼吧！

當一個男人在女人面前表現得像個孩子一樣時，比如哭泣、撒嬌、依賴，這表示他對這個女人有著深深的愛和信任。男人很少對外界流露他的脆弱，只有當他完全的信任和放鬆時，才會展示自己的脆弱、孤獨和憂傷，展示出孩子似的一面。因為他相信這個女人不會因此而嘲笑他、傷害他，而是溫柔的包容和無私的接納，就像是寵物小狗、小貓把肚皮這個要害部位暴露在妳面前一樣，所以當男人在妳面前撒嬌、脆弱時，不要指責他不成熟、沒有擔當，這是他確定妳們非同一般的關係、向妳展示他最真實內心的時候。

情侶走路的時候都喜歡手牽手，如果仔細觀察一下可以發現他們牽手的姿勢大都是掌心相握、手指交叉相扣。這並不只是一種巧合，這個姿勢可以讓彼此感覺到親密和信賴，說明妳們的關係密不可分。

親吻的時候男人經常會有一種這樣的動作，就是使勁摟著對方向自己靠近或者把對方的臉捧在手裡，這是最自然、最強烈的一種感情流露，表達了對對方的愛意和珍視，把兩個人與外界隔離而處在甜蜜的私人小天地裡。

當男人在大庭廣眾之下，輕輕幫妳把垂在臉頰上的一縷頭髮掠到耳朵後面，或者整理妳亂了的領口和圍巾，就等於向所有的人宣告妳們的情侶關係。從進化學的角度分析，這類似於動物為伴侶梳理羽毛或者毛髮，這種看似隨手而為的動作，其實是在默默的告訴妳：我想要好好的照顧妳。

而如果他在任何場合都緊緊地摟著妳的腰或肩膀，這是男人在強勢地劃分領地，告訴別人：這個女人是我的，誰都別想染指。

與此相對應的，有些動作細節則是拒絕性的，表示妳們的關係已經有了裂隙或者他已經試圖脫身而去：牽手動作無力、擁抱冷淡敷衍、接吻例行公事、眼神閃爍不敢直視。當有這些情況出現的時候，說明他的心思已經不在妳這裡了。

6．男人常用語的真實解讀

男人經常會說些言不由衷的話，有時候是為了掩飾，有時候是為了避免麻煩，有時候則是懶得跟妳計較，不要天真的以為男人永遠都一言九鼎哦，他們說的話有時候並不代表他的真實想法，甚至還會是相反的。一起來看看男人常說的話到底是什麼意思：

我正打算跟妳說呢！（如果不是妳恰好問起，我根本就沒打算說。）

親愛的，我不會在乎妳的過去。（不在乎妳的過去？除非我不是男人。）

我怕妳跟著我，我不能給妳幸福。（我怕妳跟著我，我得不到幸福。）

我們都冷靜一下好嗎？（妳怎麼還是想不通呢？）

如果有機會，我們可以重新開始。（幸好只是如果。）

妳是我見過最可愛的女孩子。（妳真幼稚、真容易騙。）

妳穿什麼都好看，真的。（雖然我並沒有注意到。）

7．從口頭禪看性格

每個人或多或少都會有一些口頭禪，這完全是下意識中形成的一種習慣，習慣說怎樣的口頭禪，代表了他不同的性格。

可能是吧／或許是吧／大概是吧——說這類口頭禪的人比較謹慎，自我防衛意識強，待人處事冷靜，不會輕易將內心的想法暴露出來。

但是／不過——這樣說的人有些任性，所以潛意識裡總要提出一個「但是」來為自己辯解。但同時也顯得比較委婉，不會讓人有冷淡感。

啊／呀／這／這個／嗯——經常需要這些毫無意義的辭彙來做為間歇的方法，說明辭彙少或者思維慢，反應有點遲鈍，或者是因為傲慢和謹慎，需要時間思考。

說真的／老實說／不騙妳——這類人性格比較急躁，總擔心別人誤解或者不相信自己，起一個強調的作用。

必須／必定會／一定要——經常以這種方式表達的人，擁有很強的自信心，為人冷靜理智，自視頗高，認為自己是有道理、有本錢的，能夠將對方說服，這種人支配意識比較強。

聽說／據說／聽人講——說這類口頭禪的人，處處都要給自己留轉圜的餘地，處事圓滑，也許見多識廣，但沒有足夠的魄力和決斷力。

要看懂男人這東西，不能光聽他們說，也不能光看他們怎麼做，要知道，有些想法和念頭會藏在他們的腦海裡，不肯告人，但是聰明的女孩子會學著將這些們祕密挖出來，進而不動聲色、談笑用兵的將男人掌握在手心裡。

那些男人不願坦白的真實

女人智慧的成長，應該不僅僅來自於親身經歷，還有從典籍流傳、從道聽塗說裡提煉出的人生經驗。若是每一種苦都要親自品嚐才知道滋味，每一種傷害都要親自經歷才知道痛，那妳就是遍體鱗傷也無法看透這世間的人情冷暖、愛恨情仇。別等到被人騙了才知道人心險惡，別等到被人甩了才知道什麼樣的男人不能碰，別等到陷入泥沼了才發現原來已經進了陷阱，我們要學習機敏一點、犀利一點、辣一點，具備最基本的辨識男人的學問和技巧，具備最基本的對付謊言和欺騙的眼力和方法。

1．人不風流枉少年

女人對於過往的感情經歷往往諱莫如深，尤其是面對現任男友的追問時，更產生了所謂的標準答案：無論交過多少個男人，現任男友問時都說兩個，一個我愛他他不愛我，一個他愛我我不愛他。言下之意呢？一是掩蓋、逃避了問題重點，一是否定過往假扮純潔。原因，無非是道德對男人、女人不同的要求罷了。女人要純潔，男人呢？純潔對成年男人而言，好像更接近於一種揶揄和諷刺而不是讚揚。男人們津津樂道的是自己的男性魅力，是自己豐富的感情閱歷，是「萬花叢中過，片葉不沾身」，是「牡丹花下死，做鬼也風流」，是人不風流枉少年。男人骨子裡，是認同這個風流文化的概念的，就像貓愛吃魚、狗愛啃骨頭一樣，男人追逐感情是種本能。

2．柳下惠是性無能

魯國人柳下惠，姓展名禽，一次出遠門的晚上住在都城門外，當時天氣嚴寒，忽然有一位女子來投宿，柳下惠怕她凍死，就讓她坐在他懷中，用衣服蓋住她，一直到第二天天亮也沒有發生越禮的事。這就是在中國流傳千年的「柳下惠坐懷不亂」故事。

典籍裡流傳下來的故事有很多，卻從來沒有任何一個像柳下惠一樣引起人們的關注，以致於「柳下惠」成了一種道德的代名詞。但是，同時還不斷有人猜測他是否真的是個情操高尚的男子，而非有其他因素，由此還出現了柳下惠性無能的說法。可想而知，這種說法正是男人說出來的。因為站在男人的角度看，他們不相信有同性可以真正做到「坐懷不亂」，他們自己都不相信男人可以擺脫好色的本性。雖然標榜自己高尚嚴謹的男性從來都不少，但一個對待柳下惠的態度，就把他們的真實想法全部出賣了。

3．男人也愛接近有錢人

曾幾何時，女人倒貼有錢人被男人們視為最惡劣的行徑，那些輸給了地位、金錢的男人們，莫不一副苦大仇深的樣子詛咒著女人的勢利和虛偽。如今時光流轉，三十年河東三十年河西，人們對待女人倒貼有錢人的事越來越寬容，畢竟每個人都有權利選擇自己想要的生活。何況，有錢人也不傻，不是誰想倒貼就能貼得上的，也得有點烏龜、綠豆看對眼的緣分。

現在呢？男人在逐漸認命的過程裡，禁不住就阿Q了一下，有錢人，並不是只有女人能貼，男人也一樣可以。於是男色消費時代轟轟烈烈的來臨了，有舉著蒼白小臉的陰柔男，也有三角肌肉古銅膚色的陽剛男，這不僅是女權的上升，也是男權的淪喪。男人忽然發現了自己的性別原來也是迷惑人的資本，就好像薛懷義和張氏兄弟可以迷惑武則天一樣。只不過男人總也躲不過青春漂亮的少女的誘惑，所以男色這個方面倒是不太明顯，但是他們心裡，經常也會幻想有個有錢師奶出現給他買豪宅、買名車呢！所以女人，不要認為自己的工作賺多賺少無所謂，對現在的男人而言，妳的收入情況也是可以放在他們的天平上衡量的一個籌碼。

4．婚姻可以是一種工具

婚姻是什麼？本來應該是兩個人基於愛情而締結的一種約定、一種責任。但是現在越來越多的現實告訴我們，婚姻可以是一種工具，一種跳脫苦難深淵、獲得美好希望的工具。選擇了不同的婚姻，就等於選擇了不同的生活。一段好的婚姻，可以讓女人一生幸福，而一段「好」的婚姻，同樣也可以讓男人少奮鬥二、三十年。從古至今，貪慕榮華的女人很多，打著愛情旗號趨炎附勢的男人也沒見少。

5．男人說愛妳的時候並不意味著他想負責任

女人確實是比較善於聯想的，男人一說愛，女人就想到了婚姻和家庭，想到了孩子，想到了家裡誰管帳、誰當家，想到幾十年後老兩口手牽手在夕陽下散步……不然怎麼感情失敗後大多都是女人受傷比較重呢？男人動動口的時間，女人已經在心裡跟他過了幾十年的日子，有了無數美好的憧憬，一旦破滅，當然是一地的狼籍。其實女人真的應該重新認識一下男人的語言和心理，男人說愛的時候，還有這麼幾種可能：一是只為了敷衍，鬼都知道女人喜歡聽這句話，這也算投其所好；二是為了騙女人上床，沒辦法，誰讓女人就吃這套呢？即使明知道是受騙也勇往直前；三是背叛之後的猶豫掙扎期，為了表示對女人的內疚，往往會像催眠一樣告訴女人也告訴自己「我愛妳」，所以男人毫無理由的忽然說我

愛妳或忽然對妳好起來，未必是好事；四是真的愛妳，但這只是愛妳，只是說很享受妳們在一起的時光，也許還是說願意和妳維持長久的關係，但不能明確表示他願意為這份愛負責，不表示他願意給這份愛一個穩固的家；五是求婚時的固定模式，這時候差不多是塵埃落定的時候了，也彷彿能看見比較幸福的未來，可是事實是：未來永遠充滿了變數，肉沒吃到嘴裡就有可能被人搶走，即使吃下去還有吐出來這一說呢！

6．女人逼婚，男人會逃跑

正因為男人說愛的時候多數並沒有為愛負責的意識，所以女人一提到結婚，男人本能的反應就是緊張。我不知道古代人的婚姻是不是真是男方求來的，反正現在的愛情看來越來越不可靠，除了一開始就乾柴烈火失去理智的衝進婚姻的人，那些打持久戰的，多數男人的所謂「求婚」怎麼看怎麼像是在女人的軟施硬磨下「被逼求婚」。凡是這樣的情況，還沒結婚的有時候會在最後時刻逃跑，可憐兮兮的說自己患了「婚姻恐懼症」，已經結婚了的會在女人數落他不上進、不負責、不顧家的時候，或委屈、或理直氣壯的說：「當初還不是妳尋死覓活的非要嫁給我。」曾經逼婚的女人們，這時候通常也就氣絕無言了。

不過也正是男人的這種心態，反而讓逼婚成了試探愛情深淺的試金石，愛得不夠的，女人一逼男人就跑了，愛得還算深的，深思熟慮痛下決心向自由告別，通常也就從了。

7．男人比女人更自戀

曾經以為自戀是女人的特權，但是見識到不時攬鏡自顧和「血可流、頭可斷、髮型不能亂」的男人，於是發覺原來男人也自戀，不過還僅限於以為只有貌比潘安、才比李白的男人才自戀，又至後來遇到身材、長相都一般，家世、學識、事業都一般的男人，居然也都自我評價頗高，認為自己帥得沒話說、拽得二五八萬，這時候才不得不感慨，原來自戀是全體男人的共同特徵，而且症狀往往比女人更甚。譬如賈寶玉每次看到女孩子出嫁都心裡酸溜溜的，暗嘆又一個水做的冰清玉潔的女孩淪為濁婦了，似乎只有嫁給他，才不算是一朵鮮花插在牛糞上。而古代戲曲裡那些才子落難佳人相助的故事，其實也都是些作者的自戀美夢。至於憤世青年，是另一種形式的自戀，總覺得自己滿腹經綸卻不被人察覺，總覺得自己滿懷抱負卻無處施展，總覺得別人鼠目寸光，恨沒有美女識得他這樣的英雄。據說，徐文長苦悶時以斧砍頭和梵谷割下自己的耳朵送給妓女，都是極度自戀時的扭曲表現。

自戀的男人需要的是別人的肯定和吹捧，如果妳本著治病救人心腸，讓他看清現實的原則非要打擊他，那麼他也只能把妳歸入良莠不辨的庸人之列，漸漸疏遠了。至於那些妓女和第三者們何以能得到男人的歡心，答案簡直太簡單不過了，因為她們會奉承男人啊！男人在她們那裡得到了精神上、肉體上的雙重滿足，當然願意在她們身上費精力花金錢。

8．男人都有戀母情結

有很多情況我們都沒辦法徹底解釋清楚，比如女人的戀父情結和男人的戀母情結。如果從嚴格意義上說，戀母情結每個男人身上都存在一些，只是程度不同而已，據專家說，男人的乳房情結其實就是戀母情結的一種延續，或者說是戀母情結所衍生出的副產品。不明顯的不影響正常生活，嚴重的則會影響到擇偶和婚姻關係。

沒結婚之前，女人都以為自己在男人心中佔據著最重要的位置，直到結婚後在柴、米、油、鹽的平凡生活裡打磨一下，才發現原來他的母親才是他的最愛，是一輩子都難以戰勝的變相情敵。男人永遠都不明白他的媽媽和妻子，這兩個他最愛的女人，為什麼就那麼水火不容，為什麼就那麼難以相處，他們不知道正是因為他心裡失衡的這桿秤，導致了妻子的不平衡。

有一次跟一個結婚多年的男人聊天，聊到他的家庭和妻子，他是個事業小成的商人，人算是很不錯的，跟他妻子感情也好，即使身邊有鶯鶯燕燕也沒想過要背叛。就是這樣的一個人，在談到對待家庭的底線時，說了這麼一句話：「我的底線就是她一定要對我父母好，不管什麼原因，只要她哪天對我父母不好了，直接離婚。」可能是看到我驚愕的神情後自己也覺得說得有點狠，就又加了一句：「當然，前提是我父母沒什麼大錯的情況下。」我尷尬的笑著，心想這個註解跟沒有一樣，生活裡哪有那麼多原則性的大錯，不過就是些雞皮蒜毛罷了。可是很明顯，男人要求有分歧的時候，永遠是妻子順著父母，有爭執的時候，永遠要求做妻子的讓步，理由聽起來很充分：他們是長輩，他們年紀那麼大了。如果男人能站在完全公正的角度去看待婆媳間的問題，或許很多家庭矛盾發展不到那麼激烈。

9．紅顏知己是男人永遠的渴望

男人的一生在追逐什麼？金錢、地位、女人……而對男人而言，女人僅有一個是不夠的，他們需要一個女人給他家的溫暖，而另一個女人給他更廣闊的世界；一個女人幫他紅袖添香，而另一個女人陪他仗劍天涯；一個女人幫他照料家務，而另一個女人陪他把酒言歡。

不管是怎樣的男人，勇敢也好懦弱也罷，成功也好失敗也罷，英俊也好醜陋也罷，他們潛意識裡都認為，除了妻子外，這世界上還會有那麼一兩個女人是真正懂得欣賞他們、仰慕他們的。尤其是當兩個人的愛情在時光流逝中漸漸平淡之後，他們對於紅顏知己的渴望就愈加強烈，也許不是為了佔有，也許真的很純潔，但他們就是渴望能找到這樣的一個女人在身邊陪伴，好讓他們可以盡情的傾訴，畢竟我們都知道，男人對妻子是很難知無不言、言無不盡的，對妻子的傾訴會無形中給男人帶來困擾和壓力，而對紅顏知己就不會有這個顧慮，這種關係很微妙。

對於男人的紅顏知己，女人大可不必驚慌失措，只要妳信得過自己男人的人品和道德，他就不會輕易跨過最後一道底線。刻薄點說，情人易得，紅顏知己卻難求，他不會主動的把珍稀的翡翠變成一棵爛俗的白菜，妳需要做的，只是暗中監控就好。大發雷霆毫無必要，但偶爾要撒撒嬌吃個飛醋，切不可表現得太大度，讓男人覺得妳不夠重視他，妳要讓他知道妳是愛他的、守護著他的，提醒男人妳是要和他攜手共度的那個人。此外，一定要找機會結識他的紅顏知己，保持適當的聯繫，可以多少得到些關於男人另一面的資訊，也可以防止這紅顏知己起了顛覆之心。

男人不能碰的軟肋

聖經裡說，上帝取了男人的一根肋骨造成一個女人。也許這就是為什麼男女之間要有如此多的糾葛。但正因為男人少了一根肋骨，所以男人身上都會有不可觸碰的軟肋，就好像龍身上那片不能觸摸的逆鱗一樣，所以狠辣歸狠辣，卻不能一味講狠鬥辣，有些事情上千萬別狠啊！

1．母親

母親是男人的第一軟肋，無論男人再怎麼頂天立地，在母親面前也依然是個孩子，可以得到一切呵護、諒解、寵愛。母親是男人生命裡第一個也是最重要的一個女人，永遠在男人心裡佔有最穩固的位置，不容許任何人的質疑、傷害和嘲笑。所以永遠不要在男人面前有任何否認他母親的言行，即使他自己也明白母親某些方面可能會引起別人的不快或困惑，但他就是不容許別人指責，尤其是他身邊的那個女人。婆媳關係本來就夠複雜、夠敏感的，千萬不要自討沒趣。如果與男人的母親有矛盾，最好的辦法是閉起眼睛別計較，最不濟也得睜一隻眼閉一隻眼，忍一時風平浪靜、退一步海闊天空。如果一定要提，也不要用「你媽總是……」這樣的句型，要盡量用商量的語氣，比如：「你媽其他地方都好，就是……」、「寶貝，我覺得你媽如果……會更好」，而且要挑選他心情最好的時候。總之能湊合就湊合，湊合不了也得三思而後行、旁敲側擊。

2．否定和貶低

不少女人會因為對男人某些生活習慣心存不滿，而把怨氣轉移到情侶或者婚姻關係上，認為對方對於維護這種關係付出的太少，而且在爭吵時習慣誇大自己的負面感受、同時否認對方曾經做過的努力，使用率很高的一句話就是「你從來都不……」，不管是你從來都不關心我，還是你從來都不為我們的未來計畫，這樣一句太絕對的否定的話拋出來，男人肯定無法接受，他會覺得以往做過的努力全都白費了，覺得妳根本就沒明白過他的心意。如果妳希望他能增強責任感，不要用這種否定的形式，而是多採用鼓勵或者直接的要求，譬如：「你手藝還挺不錯的嘛，多做幾次肯定會成為大廚的！」、「晚上早點回來吧！我一個人在家有點害怕呢！」

「你簡直不是男人」這句話應該屬於可以直接殺死男人的一句話。一個男人的自信很大一方面是來自於女人，無論是不是足夠優秀，他們都希望得到自己喜歡的女人的認可，妳可以說他有點陰柔，妳可以說他有點優柔寡斷，妳甚至可以說他胸無大志、鼠目寸光，這都會比指責他不像個男人更仁慈一點。男人最忍受不了的就是性別特徵被否認，就像女人被評價說完全沒有女人味、不像個女人一樣，這種否定是不可接受的。

男人的心性在有些時候很像小孩子，喜歡冒險和刺激，同時又渴望鼓勵和支持，特別是在遭遇挫折或者開拓事業的時候，不要輕易的批評他異想天開、沒前途、賺不到錢等等。女人的指責和奚落，對男人的自尊是毀滅性的打擊，他很有可能為此而選擇永遠不原諒。妳可以幫他出謀劃策，可以鼓勵他，或者和他探討是否有更好的辦法，並且記得說：「我永遠支持你。」

還有對比，這是另外一種表現形式的否定和貶低，當女人天天恨鐵不成鋼的打擊男人，唸叨著你看隔壁某某換了新車、你看你同事某某晉升為科長、你看某某的投資又賺了多少……這個時候男人的心情是最低落、最淒涼的，這樣的方式絕對無法促使男人奮發圖強，反而可能導致他心灰意冷，或者乾脆別人換車子他換老婆，看妳還唸誰去。

3．不忠和背叛

沒有哪個有血性的男人可以容忍自己妻子或女友的不忠和背叛。男人和女人在對待出軌的問題上是完全不一樣的，男人的出軌有可能是純粹的性衝動，但女人的出軌絕對會涉及到感情，同時，女人性柔而男人性剛，女人往往可以給男人一次改過的機會，但男人絕對忍不了妳給他戴綠帽子。所以如果妳恨一個男人，妳可以選擇這種方式來報復他，當然這並不是一個好方式；而如果妳愛一個男人，就應該選擇忠誠，不要讓偶爾的放縱去考驗男人的忍耐力和爆發強度。

第二節 各個擊破男人的軟肋

先來看看，愛情中，妳是勇往直前的小辣妹，還是柔情似水的小女人吧！

1、妳一個人深夜獨自回家，走到一半，妳的腳突然踢到一個怪怪的袋子，可是巷子裡很黑看不清楚，妳會鼓起勇氣把它打開來嗎？

Yes：2分　No：1分　不一定：0分

2、妳連續加班了一個月完成了工作，老闆突然放妳三天的假期，妳會希望和情人一起出國去度假嗎？

Yes：2分　No：1分　不一定：0分

3、妳與高采烈去一家很棒的法式餐廳吃飯，但是服務生送上來的菜卻和妳點的不一樣時，妳會叫他們馬上換給妳嗎？

Yes：2分　No：1分　不一定：0分

4、妳和最愛的親密戀人吵架分手，那麼妳在腦海中會閃過自己死掉算了的念頭嗎？

Yes：2分　No：1分　不一定：0分

5、當妳和男友正濃情蜜意時，突然間妳的手機響起，妳會馬上去接手機嗎？

Yes：2分　No：1分　不一定：0分

6、如果妳連續三個星期的週末下午都找不到人陪妳，在心裡會覺得自己有一點可憐和寂寞嗎？

Yes：2分　No：1分　不一定：0分

7、如果妳一不小心中了妳夢想的樂透頭獎時，妳會告訴對方嗎？

Yes：2分　No：1分　不一定：0分

8、如果妳無意中成為了八卦週刊的女主角，私生活被偷拍時，妳會想利用這次的成名大撈一筆嗎？

Yes：2分　No：1分　不一定：0分

9、當半夜妳一個人睡覺時，家中突然停電又地震，妳會繼續待在家中，等一切恐怖情況過去嗎？

Yes：2分　No：1分　不一定：0分

10、當妳發現妳最好的朋友也愛上了妳的男友時，會因為希望他們幸福而退出嗎？

Yes：2分　No：1分　不一定：0分

11、如果可以讓妳選擇胸部的大小，妳會希望自己越大越好嗎？

Yes：2分　No：1分　不一定：0分

12、當妳生氣或是情緒低落的時候，妳會忍不住去瘋狂購物來平衡自己的心情嗎？

Yes：2分　No：1分　不一定：0分

計分方式：

0～6分　白色情緣型

7～12分　藍綠色情緣型

13～18分　黃色情緣型

19分以上　紅色情緣型

測試結果：

白色情緣型：妳是個完美主義者，對於感情太過挑剔，希望一切都按照自己的夢想發展，因此有潛意識上的精神潔癖。妳忠於自己的感受，但卻害怕受到傷害，缺乏為愛勇敢向前的勇氣，因此錯過許多值得妳去付出的婚姻，但後來又難免會後悔當初的舉動，陷入痛苦的掙扎。要記住，愛情需要鼓起勇氣去接受它、經營它，儘管有風雨和打擊，但妳要相信兩人的真愛可以戰勝一切，並獲得最終的幸福。

藍綠色情緣型：妳看起來自信又懂得生活，大家都非常的欣賞妳，但實際上妳雖然好強上進，卻對自己並沒有信心。妳總是希望能找到一位可依靠、有安全感的人，妳希望獲得對方的讚美、鼓勵和支持，卻又不願意把自己柔弱的一面展現出來。要知道，如果妳刻意在愛情中隔出距離，不願給對方再進一步的機會的話，那是會將對方趕跑的。所以趕快卸下妳頑固的偽裝吧！把愛和傷痛都說出來，享受愛情帶給妳的撫慰。

黃色情緣型：妳是開朗樂觀的陽光女孩，大家都喜歡和妳相處，因為能夠感受到妳真切的溫暖和關懷。在愛情中，妳希望能夠找到默契十足的情人，但卻往往大大咧咧，因為太熱心地照顧身邊的好朋友，而忽略了那些默默對妳付出、深深愛著妳的人。要知道，朋友的喜愛雖然重要，但始終無法代替情人的貼心哦，這也會讓妳在偶爾獨處的時候，會有一種莫名的寂寞和失落哦。所以，妳也應該學著多花點時間和喜歡的異性單獨相處，好好培養屬於妳們的感情了。

紅色情緣型：妳的感情激烈熱情，無法忍受一個人的生活方式，妳喜歡和大家一起玩樂，喜歡當團體中的領導者，希望有轟轟烈烈、無拘無束的人生。當讓妳動心的男人出現時，妳會不顧一切、毫無保留的去愛。但是妳的個性太過善惡分明，情緒變化極快，如果對方意志力不夠的話，會接受不了妳戲劇性的感情而離開，所以，當妳遇見屬於妳的那個人時，不妨也靜下來，享受一下平淡的感情生活，或許妳會發現，這樣的感情，能夠給妳更深的感動。

男人都愛辣女孩

男人心頭的祕密很多很多，不過有一點卻是女人都不能不知道的，那就是，男人都愛辣女孩。好女人愛上壞男人，好男人都愛上了壞女人。男人一面告誡女人穿著要柔美大方，一面目光卻追隨著性感熱辣的女郎走了；男人一面說著還是傳統溫厚的女人更居家，一面卻不由自主的被特立獨行的女人勾了魂魄；男人一面要求女人要溫柔賢慧懂事，一面心卻被古靈精怪爽辣的女人抓去了。

1．辣女孩才能搶得先機

現在無論做什麼都講究先下手為強，學習如此、工作如此，其實愛情也是如此。到處都充滿了激烈的競爭，下手晚了就只能得到別人挑剩下的次級品。有時候得到幸福或者成功並不一定要有太多的資本，領先一步就可以掌握主動權，就是最大的籌碼。感情上尤其如此，一個人的愛情就好像是屋子的一扇門，屋子空著的時候門是開著的，誰先進去誰就擁有了這間屋子的所有權，遲來的就只有吃閉門羹的命運了。當然屋子裡的人有出來的可能，吃閉門羹的也有堅持不懈敲門敲開的可能，只不過得看機緣了，始終不如門一開就排第一個的好。

愛情是怎麼產生的？這問題很大、很複雜，從最基本的說起，必須是男人、女人之間先注意到對方、產生興趣，然後才會有後來的故事。想讓一個男人愛上妳，前提條件是妳得讓他注意到妳，對妳產生瞭解的欲望。溫和柔弱的女人想的是：女人要矜持、要優雅，女人要害羞、要被動，我就靜靜的待在這裡，總會有個好男人來發現我。而狠辣的女人想的是：我要成為男人們注意的焦點，我要讓他們為我傾倒，我要讓那個男人迷上我，我要讓他的眼裡只有我。於是，當溫和柔弱的女子扮淑女狀停留在角落時，狠辣的女子們早已經盛裝豔服上場，眼光火辣、身姿嫵媚，渾身都散發著天然的誘惑。只要是個正常的男人，眼睛都會像聚光燈一樣追著她們閃，誰還有心思去注意角落裡的小淑女啊！

妳可以說男人們很膚淺，但是誰不喜歡香豔火辣的紅玫瑰呢？即使妳以妳的內涵為榮，也得先給自己開闢一個可以展示的舞臺出來，不然就只能等PARTY散場燈火闌珊，有失意落單的男人撿了妳回家。

2．辣女孩能給男人新鮮感

兩個人的愛情怕的是什麼？怕的是有一天明明牽著對方的手，心裡卻激不起一絲漣漪；怕的是一早醒來看著枕邊那張熟悉的臉，好像已經看了一輩子那麼久；怕的是對方還沒開口，妳就知道他會以怎樣的口氣說出怎樣的話。於是時光的流逝再也留不下什麼值得珍藏的驚喜，那麼平淡、那麼漠然。即使知道彼此已經萌生了千絲萬縷割不斷的關係，愛情轉化成親情，也依然會有一點遺憾，懷念當初怦然心動的瞬間。

溫和柔弱的女人都安於平淡的生活，安於細水長流的那份恬淡，她要的不是變化、不是新鮮，而是熟悉和安全。而辣女人不同，她整個性情就是跳躍的、燃燒的，她對生活永遠充滿了熱情和好奇，沒嘗試過的她都想嘗試一遍，她樂於接觸所有的新鮮事物：最流行的服飾、最流行的運動、最流行的美食、最流行的表達方式。她和男人交往的時候，也經常會迸發出新鮮的點子，樂於和男人一起去享受刺激和冒險，樂於去配合男人的新想法，不扭捏、不頑固。在這樣的相處模式中，更多的是意料之外的驚喜和永遠充滿未知的明天，在男人面前自然也保持了新鮮感。

3．辣女孩的眼淚更能摧毀男人

對於林黛玉似的女人，大家已經習慣了她柔弱愁苦的樣子，時間久了也就司空見慣，哭來哭去也就沒什麼花樣。而狠辣的女人呢？人們通常見到的都是她們痛快淋漓、快意恩仇的樣子，也許會對她們少些呵護、少些照顧，但是再狠辣的女人也依然是女人，也有著細膩的心思和脆弱的感情，她們也會有排解不開的痛苦，也會有忍不住惆悵和哭泣的時候。她們的淚水就彷彿午夜的曇花，倏忽一現，但卻令恰好見到的男人怦然心動難以忘懷。正是這種與平日迴異的情感流露，讓男人忽然發現，原來她也是個柔弱的需要呵護的女子，原來她也有這麼脆弱、這麼嬌柔的一面，這會讓男人像發現新大陸一樣興奮，本性裡的保護欲望膨脹，恨不能把她含在嘴裡、捧在手心上。

4．辣女孩與男人的交流更直接

從小到大的教育，讓溫和柔弱的女人有了太多的禁忌，她們的心思又多是婉轉曲折的，絕不肯流露出對某件事物的過分喜歡，也絕不肯暴露對某些事物的過分厭惡，她們是中庸的、平和的，就好像一鍋煲了很久的湯，把所有材料的味道都已經融合在一起，不仔細分辨根本不知道具體有哪些材料。這樣的湯也許滋補，但總覺得不夠過癮、不夠痛快。辣女人就不同了，她心直口快，不輕易掩飾和委屈自己，喜歡就是喜歡，討厭就是討厭，她不怕遭人白眼也不怕被人嫉恨，她們是明快的、爽朗的，就像《水滸傳》裡的豪傑們所推崇的大碗喝的酒、大口吃的肉，也許不夠精緻，但足夠的酣暢淋漓。

男人的思想可以比女人深刻、比女人嚴密，尤其是玩政治、玩商業的男人，他有足夠的智慧和手段與對手交鋒、周旋，但他不願意把這種方式引入到日常生活裡，尤其是面對自己的女人，男人希望是放鬆的、坦蕩的，辣女人的直率正好可以讓男人和女人有直接、純粹的交流，而不是小心翼翼的妳猜、我猜、大家猜。

5．辣女孩更勇於維護自己的愛情

愛情註定是個傷神傷心的事情，卻又充滿了魅力，讓人欲罷不能，就像飛蛾撲火一樣，明知道會有傷痛還是前赴後繼，它就是充滿了如此的魔力。

當愛情遭到雙方家長反對的時候，溫柔的女孩也許就膽怯了、退縮了，她們會小心的衡量著付出與收穫的比例，優雅的說得不到父母祝福的愛情註定是不幸福的，因為性格的緣故她們的愛情多是被動的模式，所以也沒有什麼動力和勇氣去抗爭，哭著哭著也就妥協了。而對辣女孩來說，她身邊的男人是她自己看好了的，她知道為了這個男人她可以放棄什麼、付出什麼。辣女孩也都是自信的、驕傲的，容不得自己的愛情被別人貶低，哪怕是彼此的父母，她會努力的維護、努力的讓每個人看到：看，他是對我最好的，我是對他最好的，我們是彼此最合適的，誰都別想把我們分開。最後的結果呢？父母通常是拗不過子女的，只要他們確實快樂、幸福，也就發了通行證。這時候，那些溫柔的女孩子們或許還在徹夜輾轉著思量，為什麼自己就總也得不到愛的人。

當愛情裡出現誤會的時候，譬如男人有個交往親密的異性朋友被女人發現了，柔弱的女人沒勇氣直接問個明白，而是自己想像出無數個版本，然後傷感、煩躁、鬱悶，對男人冷嘲熱諷，反倒讓男人覺得她莫名其妙故意找碴；而如果是個個性狠辣的女人呢？說不定會直接要求男人帶自己去親眼看看這裡面到底有沒有誤會，或者裝做不經意的問：「這個女人是誰啊？看起來你們很熟悉，以前沒聽你提到過呀！」或者在男人的同事、朋友圈裡謹慎的收集資訊，總會有些蛛絲馬跡露出來的。然後呢？有則改之無則加勉，小心看管就是了，狠辣女人是容不得自己調教好的男人被別人撬了去的。

再來說說背叛，平常人們都以為柔弱的女子是最專一的，其實這完全是個想當然的誤會，柔弱的女子在愛情裡多是被動的，別人喜歡她、呵護她，她就以為那是愛了就把自己投入進去了，可是一旦那個人改變了，或者出現另外一個人對她更好，她的心就很容易發生偏移。反倒是那些狠辣的女人，她們的愛情更純粹一點，必須得是自己真的愛才會接受和投入，而一旦投入了就不會輕易放手，所以她們反而是愛情裡最忠貞、最堅持的一群人。如果自己的情人受到其他女人的誘惑，柔弱的女人只會怨天尤人，守在家裡等那個女人放手或者男人自己回頭，狠辣的女人呢？會被激起滿腔的鬥志，和侵略者鬥智、鬥勇、鬥豔，讓男人證明自己才是最好、最適合他的。哪怕是要分手，也得先把男人的心搶回來然後由自己宣布。

遇鬼捉鬼，見佛燒香

男人和女人之間這檔事，說起來也就是愛恨情仇四個字這麼簡單，可是真正操練起來，其邏輯推理性可以趕得上福爾摩斯探案，其驚天動地可以追得上武俠功夫大片，其跌宕起伏、柔情蜜意可以媲美瓊瑤愛情劇。

談感情也講究個棋逢對手，不然一個費盡心思，一個卻不解風情，就像是一拳打在棉花堆裡沒反應。跟男人談情說愛，需要高智商，需要該柔的時候柔、該辣的時候辣，但臉上媚如秋水時，肚子裡也得堅持著自己的那份信仰。發現有不好的苗頭要即時遏止，發現得意的地方也要鼓勵，遇鬼就要捉鬼，見佛就得燒香。而對狠辣的女人來說，這永遠不是什麼難事，因為狠辣的女人一定是自信的女人，她們堅信自己的魅力，也就能夠將男人手到擒來。

1．男人怕失去自由

如果說兩性關係裡男人最怕失去什麼，那就是自由了。讓男人猶豫著不敢進圍城的原因就兩個：自由和責任，而自由是排在首位的。

自由對有些男人而言就是他的生命，他沒錢可以活，沒愛可以活，但沒有自由不行。就好像把一隻習慣了稱霸原野的獅子關進狹小的籠子，他將永遠得不到快樂。而女人呢？卻都希望自己的男人在一個伸手就可以觸摸到的距離內，才不會感覺到被忽略、被遺忘。在兩個人的愛情裡，女人永遠都缺乏安全感，男人越是要自由，女人就越覺得男人是要離自己而去，就越是拼命要抓住，而女人抓得越緊，男人就越是渾身不舒服，就想要掙脫，男人一旦試圖掙脫，女人就更著急了：你果然是要逃跑。這樣下去的後果可以想像，要嘛女人像是野獸頸上的鎖鍊被掙脫，要嘛男人頹廢的敗在籠子裡，眼神黯淡精神委靡，只能偶爾幻想一下有關自由的夢想。

不管哪一種結局，都不是愛情應該有的結果。女人留住男人最好的辦法不是把他拴在自己身邊，即使拴也是像風箏一樣給他足夠的空間去飛翔。男女之間最好的關係是，彼此既有足夠的自由又有足夠的吸引。所以女人首先要做的是把愛情看淡一點，再淡一點，愛情只在我們的生活裡佔著很小的比例，還有親情、事業、愛好、朋友、理想。只有當妳不再把愛情當做妳人生的唯一目標時，妳的視野才會更開闊，妳整個人才會更開朗更有吸引力。為什麼我們說女人要學著狠辣一點，因為女人夠狠、夠辣才夠瀟灑，才能雲淡風清地去看待生命中的挫敗。狠辣的女人懂得把這個男人看淡一點，再淡一點，不去把他想成就是她的真命天子，事實是沒有誰是誰命中註定的，沒有誰是誰生命裡的唯一。妳們相遇、相愛只是巧合而已，如果沒遇到他，而是遇到了別人，也是一樣的，同樣的，即使沒有了他，妳也依然還會愛上別人，也依然會有別人來愛妳，生活照常繼續。這樣想、這樣做了之後，妳會發現兩個人再相處的時候忽然就沒有壓力了，妳不再怕他跑掉，而他也不會再被妳的緊逼盯人戰術搞得焦頭爛額。只有在輕鬆的狀態下，兩個人才能真正發現彼此身上吸引自己的地方，才能完全以欣賞的眼光去看待對方，才能保持較為長久的魅力。就好像傳說裡月下老人在情侶手指上繫的那根紅線，即使暫時不在一起，即使都有各自的空間，但仍然有一種力量會讓妳們靠近。

他要自由，那就給他自由，同時也給自己一片更廣闊美麗的天空，當他感覺到妳們倆的關係漸漸不在他的掌握之中，就輪到他為妳緊張、為妳傷神了。要記得，教妳狠，並不是對他狠，而是對自己狠一點，逼著自己學會放開心胸，給他自由，也給自己更懂得愛的能力。

2．男人怕負責任

說到這個，大概很多男人要罵了：負責是男人一直標榜的一種美德，妳居然說男人怕負責任。其實呢？怕負責任和不負責任還是有著天壤之別的，怕負責任的重點是說擔心自己負不起這個責。

很多女人一旦和男人確立了戀愛關係，或者把自己的身心交給了對方，就會產生這樣的感覺和期望，那就是：我是你的人了，你要對我負責，你不能讓我不開心，你不能讓我不快樂，你不能讓我後半輩子不幸福。說句實話，哪個男人看見這樣的句子不心驚膽顫的呀！一個人後半輩子的幸福交到你手裡，你負擔得起嗎？這種想法實際上是女人轉嫁風險、轉移責任的一種行為，說到底誰的人生誰自己負責，其他人只能影響妳，而不是完全左右和掌握妳的人生。撒嬌的時候妳可以要求男人不要讓妳覺得不幸福，但是女人妳自己心裡要明白，幸福，不全是男人能給的。

其實在現實生活中所聽、所見的，有婚前恐懼、焦慮症狀的男人，遠比女人多，就是因為肩膀上無形之中被女人壓了太多的責任、太多的壓力上去。房子、車子、股票、孩子、體貼、溫柔、浪漫……巨大的生活壓力和瑣碎的情感壓力，使得男人不得不慎重考慮：結婚，到底是正確的還是錯誤的？當女人們看偶像劇看得津津有味、熱淚盈眶時，男人在一邊恨得牙癢癢，女人們嫌男人不像偶像劇裡那樣英俊又多金，不像偶像劇裡那樣體貼又浪漫，不像偶像劇裡那樣堅韌又專一，偏偏忘記了自己也不像偶像劇裡的女主角一樣美麗、嫻雅、溫柔、堅持。電視劇再美好也是編造的，而且正是靠著這種編造的高於現實的理想化美好才能贏得女人們的熱愛，女人們應該理智一點，看清現實和理想的差距，偶爾做做夢可以，但別奢望能在夢裡生活。

中肯的說，生活的責任和壓力不應該全部扔給男人，妳既然選擇了一個人，就得接受他的優點和缺點，就得和他一起承擔。學著有擔待一點，狠一點，潑辣一點，讓男人知道，妳是可以和他共同擔起一片天的人，讓他知道所有的責任不是他一個人在負擔，那他也就更能面對生活中的種種問題了。當然，妳可以嬌媚的要求他多分擔一些，同時記得，兩個人的幸福不是一個人能承擔得起的。

3．男人好色

沒有不偷腥的貓，沒有不好色的男人，只不過是隱藏深淺的問題。對付男人的好色，姑息放縱是不行的，就得狠抓嚴打，不然哪天被西風壓倒了東風，妳哭都來不及。

對於那種有色心沒色膽的男人，方式不必太激烈，反正他也翻不起大浪，就兩點：控制他的經濟、旁敲側擊。現在的很多男人都在嚷著要婚內經濟獨立，意思就是變相的各付各的制，目的當然就是收回經濟的控制權，而有些年輕女孩子也許是比較獨立，覺得這種方式也沒什麼不好，大家各管各的，反正我也不需要你養。如果是對朋友呢？這種方式可以接受，但如果已經結婚或者打算結婚，經濟大權一定要握到手裡，這不只是經濟的問題，還關係到婚姻的穩固。一個男人如果婚前、婚後感受不到什麼變化，那麼這份婚姻對他而言始終是模糊的，因此妳得讓他意識到他是個有家庭責任的男人了。可以給他足夠的零用錢，但每月要督促他記帳，而且是要以幫助他培養良好的理財習慣為名。要讓他既不會在正常社交生活中感覺窘迫，又沒有多餘的錢去招蜂引蝶、拈花惹草。旁敲側擊呢？就是可以偶爾引用點電視、小說裡的橋段或者周圍親戚、鄰居家男人的反面例子，讓他知道好色、出軌的危害、後果，及時打消他蠢蠢欲動的念頭。不過這種方法只能偶爾為之，而且點到為止，要用得不著痕跡，否則被男人看出妳的用心，容易產生叛逆心理。

對於既有色心又有色膽的呢？只是控制經濟和旁敲側擊效果就不明顯了，他會想辦法給自己造個小金庫，他會把旁敲側擊當做耳旁風。對付這種男人，妳需要讓他明確妳在家裡的重要地位，也就是首先要扮演好自己的角色坐好自己的位子，不要給其他女人取代妳的機會。其實男人雖然好色花心，但真正會因為這個離婚的比例還是很小的，他們自己也知道野花只不過是滿足刺激獵奇的欲望，但是如果妳們本身關係就有裂隙，再遇到一朵高段位的野花，妳的位置就岌岌可危了。其次，妳要滿足他的心理需求，他們通常不像女人期望的那麼有上進心，一旦家庭或事業進入穩定的狀態，他們就會暴露出一種圈地意識，想要維持現狀。而女人往往會有更高的期望值，男人在女人眼裡由一開始的黃金變成白銀再變成黃銅，於是就免不了嘮叨、催促。男人其實很在意能不能讓自己的女人滿意，一旦他的努力得不到妳的認可，妳就會慢慢變成貪得無厭、世俗市儈的濁婦。很多男人劈腿、出軌，是由於他無法在女友或者妻子那裡得到欣賞和幫助。

對於被妳抓住出軌證據確鑿的男人，看他的表現，如果這個男人表現的非常冷靜和冷酷，那妳也就不用哭、不用鬧了，算計一下能不能爭取到實際的、物質上的東西吧！優雅的說再見說不定還能留給他一點後悔和不捨，說不定日後他還會記得妳的好。大部分男人這時候應該是慌張失措的、充滿歉疚和自責，這時候妳要利用他這種情緒，想哭就哭想鬧就鬧，控制不住捶他幾下都可以，讓他知道妳有多傷心、多痛苦。需要注意的是這幾點：

一是關起門來鬧，除非妳是真的不想和他繼續了，否則以後還有很多日子要過，出軌畢竟不是什麼榮耀的事情，不要鬧到鄰居、朋友、家人都知道了，妳讓他以後臉往哪裡擱？鬧大了逼急了就乾脆豁出去了，那時候無回天之力的是妳。二是鬧累了之後靜下來，別忘了淚眼婆娑的給他一個臺階下，只要他對妳的感情還沒完全泯滅，當妳蒼白孱弱的問他「妳還要我、要這個家嗎？」的時候，他肯定會忙不迭的道歉、發誓痛改前非。三是如果以前有什麼沒收回來的家庭大權、有什麼沒搞定的遺留問題，這時候可以一併解決了，以前做不出的讓步，現在在妳的「寬容大量」的感召下，也就比較容易讓步謝罪。四是約法三章，跟他說妳選擇再相信他一次，妳以後也不會拿今天的問題來要脅他、諷刺他，但是他也要信守承諾說到做到。

4．男人不善於溝通

即使是面對客戶和新鮮女人口若懸河、滔滔不絕的男人，回到家面對自己的女友和老婆也經常沉默不語，把悶騷當風格，絕不輕易透露自己的真實想法，絕不向妳傾訴他的煩悶，絕不和妳大談家長裡短。當妳的男人有這樣的表現，不要覺得他是故意和妳作對，他只是不善於表達、不善於交流而已，跟女人靠說話聊天來解悶、排解壓力相比，男人更喜歡自我放鬆，更喜歡用思考來理順自己，談話對男人而言是個思辨的過程而非休息。所以在與男人的相處過程中，要留給他足夠的個人空間和發呆的空間，如果妳實在要說，可以去找女性好友，或者等到他休整完畢。

當妳問一個男人：「你手裡的麵包是哪裡買來的？」絕大部分男人會直接告訴妳地點，而如果問女人這個問題，回答多半是：「怎麼啦？」女人的心裡總是會瞬間閃過很多為什麼，因為女人比男人的思維更多疑、更跳躍，男人比女人更加直接。知道這一點，對於男女之間的交流與溝通是非常重要的。女人往往樂意讓男人去猜自己的心思，而且自以為巧妙的給出不少暗示和指引，但是這種曲折的猜心遊戲不是男人擅長的。溫柔的女人通常用這樣的表達方式：「只要妳高興就好，我聽妳的」、「我什麼禮物都不要，真的，我只要妳在我身邊」、「今天好像要下雨，記得帶雨具啊！」而狠辣的女人通常是這樣說的：「我們去XX吧！我特別喜歡那裡」、「晚上七點整，帶著禮物出現在我面前，否則要你好看」、「外面下雨了，下班的時候過來接我吧！」她們直截了當的向男人表達著她們的渴望和需求，然後撒撒嬌、耍耍蠻，幾句動聽的話就可以把男人哄得團團轉，自己得了實惠，對方的大男人心理也得到了滿足，這就是一種積極有效的互動。

而當兩個人之間出現了問題，溫柔的女人通常不願意直接講出來，而是顧左右而言他，希望男人主動認錯，希望男人自己醒悟，或者是冷戰，不給他解釋的機會。這都不是解決問題的方法，狠辣的女人就不同了，她們勇於直指問題的核心，勇於給男人施加壓力，也勇於開誠布公的討論，是自己的錯就痛快承認，是對方的錯也最俐落、最高效的爭出個結果，然後該做什麼做什麼。狠辣的女人如果怪男人忘記了她的生日，會直接說「你連我的生日都忘記了！你自己想想怎麼補償吧！」而不會說「你是不是不愛我了？你根本就不在乎我」，她們會立刻為自己贏得補償，也給了對方彌補的機會，她們不會將對方的無心之過刻意放大，而是靠直接的溝通表達想法，對男人來說，自然更樂意與這樣的女性交往。

5．男人愛炫耀

男人比女人更愛炫耀、更要面子，所以一幫男人的聚會裡，總有人吹得天花亂墜，有時候是為了證明自己的工作能力，有時候是為了證明自己的男性魅力，有時候純粹是為了放鬆。男人愛炫耀並不是什麼大不了的毛病，反而還能說明他是有想像力和進取心的，一個安於現狀、得過且過的男人，根本就懶得去炫耀什麼、幻想什麼，所以如果妳的男人不由自主的炫耀時，不要當眾奚落或者打擊他，這就好像是往熱油裡澆冷水，把他澆熄了妳也會弄得一身傷。不妨笑著跟他一起享受炫耀的快感，甚至像說相聲般大家逗個樂子別當真。妳只要這麼做了，保證他的一幫兄弟會羨慕死妳們，他也會得到心理上的極大滿足。而男人一旦滿足就會放鬆警惕、自我膨脹，此時再提要求或者改造他就會容易的多。如果怕他沉浸在炫耀裡不出來，不妨趁獨處的機會給他提個醒：適可而止，別蹬鼻子上臉啊！

男人之愛炫耀還表現在不切實際的為朋友兩肋插刀，插得好了那叫滿腔碧血酬知己，插得不好就跟小流氓打架沒什麼區別。對這種行為，不太好搞一刀切，還是得具體情況具體分析，關鍵是看他幫的朋友是否真的值得幫。如果對方是兄弟或生死之交，那沒得說了，妳也不妨狠點、辣點、做一次俠女，就當是人情投資。有幾個真正的朋友不容易，別因為妳的猜忌或者私心而在他們心裡種下芥蒂。而如果只是泛泛之交，或者擺明了就是要利用別人，擺明了借錢就沒打算還，擺明了過河就得拆橋的人，那妳不妨乾脆把自家男人拉到後臺，自己站出來打擂。很多男人明明自己很為難不想幫，卻往往由於怕被人指責不講義氣、不夠朋友而說不出拒絕的話，只能勉為其難的當冤大頭，如果是這種情況，女人出面就可以乾淨俐落的解決，原因嘛，男人必須講道理，但女人是可以不講道理的，直接說「我倆的事情我說了算」，惡人自己做，畢竟對男人而言，「怕老婆」比「不講義氣」的罪過要小一點。而且如果他夠幽默，說不定日後還會津津樂道於妳美女救英雄的義舉呢！

男人的要面子還表現在酒桌上，感情深一口悶，酒桌上的英雄好歹也算是英雄啊！不能被人小看了，於是觥籌交錯間喝得越多越來勁。這時候很多溫柔賢慧的女人就會好心攔阻，一邊勸他少喝點，一邊對朋友說他酒量不好、身體不好不能再喝了。結果呢？男人非但不領情，還會怪女人不懂事不給面子。男人的思維是這樣的，他不會去考慮妳這樣做是為了他的身體健康，他只會覺得妳當著眾人的面說他酒量不行讓他失了顏面。既然如此，女人們就維護一下男人可憐的虛榮心吧！狠心別管他就是了，實在看不下去就說口渴幫他喝一點。當然如果妳本身的酒量非常好，就站出來轉移注意力吧！把其他男人灌趴下，妳家男人就安全了。

6．當妳們意見不統一時

誰都不是誰肚子裡的蛔蟲，不論男人或女人都習慣於站在自己的立場上去衡量事物，然後做出選擇，但是男人和女人的選擇往往是不一致的。週末男人可能想去郊遊，而女人想去商場購物；晚上男人可能想玩電腦遊戲，而女人想一起看八點檔；出去吃飯男人想吃涮羊肉，女人想吃海鮮……這種矛盾在生活裡無處不在，通常只要不是原則性問題，男人一般都會妥協，但難保他們也有情緒波動期，忽然就要跟妳吵，怎麼處理呢？

方法有三：一是乾脆分開行動，沒有任何一條法律規定情侶或者夫妻就一定要時刻在一起同進同出，偶爾分開各自尋歡說不定彼此還都能得到點新鮮。不過不能經常這樣，當兩個人分開行動成為一種習慣，就再也不想為對方改變或者妥協了。二是如果他確實因為工作或生活上的某些事而煩惱，那就順著他一次吧！別捅馬蜂窩給自己找麻煩，不妨寬容大量的揉揉他的頭髮說：「好吧！這次就滿足你的願望，不過下次輪到我做主了哦。」三是以遊戲的方式看待爭執，把試圖說服對方的過程當做一場辯論會，各自提出自己的理由和看法，唇槍舌戰之中結果很快就會水落石出，不僅可以快速解決問題，還可以鍛鍊思維和口才，這個方法很可能會讓妳們上癮哦。四是堅決耍賴到底，這招只能用在他心情好的時候，否則就是自找苦吃。

如果妳們不幸發生了爭吵，男人是很少會主動說出「我錯了」這三個字的，因為他們覺得主動承認錯誤是件很傷自尊的事情。其實如果爭吵之後他主動拉拉妳的手、擁抱妳，給妳倒杯水、洗個水果，都是男人求和的信號，如果妳覺得他還可以原諒，就給個臺階下，不必逼著他非得明白的說出來，雙方都明白就可以了，即使妳逼著他白紙黑字寫下來，也不見得就能有更好的效果。如果是女人錯了呢？很多女人也是堅持不認錯的，她們的哲學是「你的錯是你的錯，我的錯也是你的錯，是你誘導我出錯」，這個理論就真的不講理了，很多男人也會為這個理論而頭痛。其實女人可以採取很可愛、很無厘頭的方式來承認錯誤，比如從背後抱著男人的肚子說：「豬豬我錯了，下次不會再犯了。」或者乾脆囂張的說：「一向英明神武的我終於錯了一次，千萬抓好小辮子啊！」

Chapter 6

友情、親情大鍾鍊

第一節

對長輩，扮猪還是扮老虎？

先來玩個心理測試吧！

妳和朋友一起出去玩的照片洗出來了，但看到照片的第一眼，妳就忍不住叫了出來，這是為什麼呢？

A．站在妳前面的朋友比了個勝利手勢，正好把妳的臉遮住了

B．怎麼這樣？眼睛不小心閉起來了

C．天啊！哪來的風把頭髮吹得亂七八糟

這個題目測試的是妳在受到長輩責罵時的態度如何，看看妳是不是這樣的吧！

選A：不論是否遭受委屈妳都會先道歉，然後再找機會反擊。

選B：妳是個乖乖牌，被責罵時並不會為自己反駁或辯解。

選C：妳會頂撞回去，即使知道自己態度不好也無法克制。

面對長輩，最基本的禮貌就是尊敬，這是做人的本分，我們與長輩相處和交流的所有技巧都應該是建立在這個基礎之上的。只不過時代變化太快，而老人們接受新鮮事物和觀念的速度又普遍會降低，其中難免會有各式各樣的曲解和誤會，這時候一味的尊敬和順從就不行了。到底要怎麼做才算是對長輩好呢？僅僅是陪伴和順從嗎？是發現他們的壞習慣還沉默不語、置若罔聞嗎？雖然長輩們常說「我過的橋比妳走過的路都多」、「我吃的鹽比妳吃的米都多」，他們通常把自己擺在一個權威的位置上，但在資訊爆炸的社會中，他們的接受面顯然還是太窄了，很多觀念已經不再適合，很多習慣已經被科學證明是不健康的，他們的那一套已經行不通了，所以有些時候我們要堅持做自己，要幫助他們重新認識和融入這個社會，要幫助他們改正不良的愛好和習慣，需要拋開乖乖女的束縛，強硬一些，狠心一些。

1．對待長輩的不良習慣，要指明並協助他們戒除

人老了往往就會變得非常固執，他們害怕改變，也拒絕接受新的思想和事物，所以很多老人還是維持著舊有的思維習慣和生活方式，哪怕那些都是不健康的。身為晚輩，如果是真心為他們考慮，希望他們健康、快樂的度過晚年，就應該鼓勵他們慢慢向健康的生活方

式過渡，而不是心軟的一味依從。譬如日常飲食不科學啦，譬如抽菸、喝酒啦，譬如不喜歡運動啦，譬如很少和社會接觸啦等等，都應該提出來，告訴他們這樣做的危害是什麼，告訴他們怎樣做才是正確的、健康的。很多老人一下子接受不了、改變不了，妳可以見縫插針的進行轟炸式宣傳，多聊聊健康養生，多給他們買相關書籍，搜集相關資訊。人年紀越大一般就越惜命，就越希望自己健康長壽，所以只要妳能讓他們認同妳，他們就會一點點的嘗試改變。家有一老，如有一寶，家裡的長輩們都健康，他們自己會活得更有滋有味，身為子女的也可以少操心，更輕鬆。

2・對於長輩對妳私生活的干涉，堅持自己的原則

孝順是不是就要一切聽長輩的話呢？並非如此。那些有關自己個人的學習、生活和工作的事情，最具有優先決定權的人是妳自己。很多乖乖女從小到大都沿著父母鋪好的路來走著，學文科還是理科、考哪所大學、學什麼科系、從事什麼工作，甚至嫁什麼樣的人，完全不需要自己操心。但這樣她的人生就幸福了嗎？一個心理診所遇到過這樣一個案例：一個女孩子在家人的陪伴下去看心理醫生，陪伴她的是她的父母、她的奶奶和她的老公，這五個人在選擇座位的時候就自然地選擇了把女孩子護在中間這種模式。心理醫生由此就看出了問題所在。原來這個女孩子就屬於完全按照父母的心意生活的類型，被全家人寵著、

呵護著，什麼都不需要自己去爭取、去計畫，連結婚都是父母選好的對象，老公也是心甘情願呵護著嬌弱得像一朵花一樣的她。但是在這樣看起來很美好的生活裡，她越來越找不到自己的位置，多疑、恐懼、沒有安全感和存在感，於是就自閉、猜忌、半夜起來唱歌、離家出走，一直到有了自殺傾向。心理醫生分析的結果，是過度的保護讓女孩的心智一直處在幼稚的狀態，跟周圍人群的對比有著巨大的落差，導致她無法接受，她渴望改變但是又害怕被孤立和拋棄，所以就用一些過激的行為來引起別人的注意。

這個例子當然是有點極端，但可以告訴我們，要積極的選擇自己的道路，父母對妳再好，也不能比妳自己更加瞭解妳需要什麼、妳渴望什麼。有些原則問題是要堅持的，有時候，該堅持的時候千萬不要妥協、不要放棄，不要父母想讓妳學文妳就放棄了喜歡的理科，不要父母想讓妳找份安穩的工作妳就放棄了有發展前途但是辛苦的職位，更加不要因為父母的催促就決定自己的婚姻。不論什麼決定，一定要是妳自己真正想要的東西，妳才會去努力得到它，才會去小心維護它，才能從中體會到成功和快樂。如果妳如行屍走肉一樣的活著，讓父母看到妳之所以不開心是因為聽從了他們的指導，他們也會自責和內疚的。

對於私生活上的事情，如果長輩有意干涉，最好的方法是經過理智思考權衡利弊後做出決定，然後和長輩像朋友一樣談一談，說說妳的分析和看法，說說妳對事情的思考和預期，當妳清楚明白的說出妳的理由，他們就會發現原來妳的思想已經遠比他們的還要縝密和深刻，就不會再執意干涉妳的私事了。

3．發現長輩有受騙傾向，當機立斷挑明

現在有不少騙子是專門瞄準了老年人，各種電視購物，各種具有神奇效果的治療儀器，各種天上掉禮物的好事，包括賺取眼淚和同情心的騙局，說到底就是抓住老人的三個特點：想要健康長壽、喜歡小便宜、心太軟同情心氾濫，進而達到自己的目的。這種騙局我們自己知道很多，生活中、網路上透過各種途徑都可以得知，但老年人不同，他們對人的戒備心不夠強，對於小誘惑的抵制力也不夠強，對於花言巧語缺乏必要的認知和判斷能力，所以經常會做些貪小便宜吃大虧和受騙上當的事情。這種情況下，一是要及時把最新、最流行的騙術通報給長輩，算是未雨綢繆，讓他們提前防備著，二是如果發現已經有了受騙傾向，一定要及時制止，然後慢慢解釋清楚。別礙於長輩的面子不想他們沒有臺階下，誰都不想吃虧做傻子，如果知道妳明知是騙局還看著他們往裡鑽，他們才會怪妳分不清內外、分不清輕重呢！

婆媳過招別含糊

別人的父母同樣也是父母，對夫妻來說，雙方的家長都要一視同仁，該尊敬的、該孝順的也都應該照單全收，不能厚此薄彼，不能拿自家父母當寶貝，拿對方父母當秕草。但是光做好表面功夫還不夠，畢竟人心隔肚皮，妳和他們不是天生的一家子，隔閡和誤解是肯定會存在的，而誤會和爭執最多的，就是在婆媳之間。為什麼？女人天生敏感細膩，更為在意他人的言行舉止，也就更容易產生誤會和摩擦，這個時候，需要的就是媳婦的智慧了。

另外，慈愛寬容的婆婆雖然多得是，但畢竟還是有不講理的老人家，有些人是多年媳婦熬成婆，早就擺好了架勢要修理妳，兼之認為妳奪走了人家好不容易培養出來的天下無雙的好兒子，更是打翻醋罈子處處與妳作對，遇到這樣的情況，怎樣既讓對方滿意，又不會委屈苛刻了自己，就是女人需要特別注意的地方了，處理好婆媳關係絕對是個鬥智、鬥勇的漫長過程。在把公婆當自己爸媽孝敬的基礎上，還需要格外注意以下問題：

1．別拿自己不當外人

見過很多女人第一次進婆家門時就很積極的表現自己，生怕自己討不到公婆的歡心，進而影響到和男友的關係，其實只要妳事前功夫做到家，搞定了自己的男友，對於公婆的態度完全可以看淡一點。對婆婆來說，條件再好的媳婦她都不會百分百滿意的，妳再勤快、再懂事在當婆婆的眼裡也配不上他的兒子，挑剔是必然的，妳就別一開始就趕忙著給自己戴個緊箍咒了。第一印象固然重要，但第一印象也就相當於給妳立了一桿尺規，人家對妳的期望和要求只會更高，一旦日後的相處過程中妳有所鬆懈，對方就有得挑了，所謂「由儉入奢易，由奢入儉難」。不如一開始就把最真實的狀態，或者是更差的狀態擺出來，會做飯的也說不會，很勤快的也謙虛的說自己懶，很精明的也說自己糊塗，先徹底把她的期望給打破。人一旦接受了比較慘澹的現實，反而就不會太過挑剔，對於偶爾的小亮點也會感覺驚喜，反而會有一種賺到了的感覺。

所以在婆婆家千萬不要吹噓自己多麼會做家事，千萬不要太主動的去工作，記住：沒結婚的時候妳是他們家客人，而客人不是主人家保姆，妳有保持矜貴的理由。即使是結婚以後，妳依然不是他們家的僕人，想做的事情做一點就好，不想做的事情不用太勉強自己，而且要做就公然的做，讓大家都看到，千萬別當無名英雄。尤其是要讓老公知道妳為他們家做了什麼，而且做過的事情，不論當初妳是樂意還是不樂意，妳可以拿它當做在老公面前撒嬌邀賞的資本，但絕對不能拿來抱怨，因為男人對抱怨有一種本能的排斥。

2．花錢要狠

如果仔細分析婆媳之間的矛盾源頭就會發現，除了性格和代溝引起的矛盾，就屬經濟問題是個比較集中的導火線了。雖然說金錢不是萬能的，但沒有錢卻是萬萬不能，越是貧困的家庭裡，越是容易引發矛盾，如果雙方都比較寬裕，不必在買房子、買車子上斤斤計較，不必兩代人生活在一個屋子裡，不必為了禮尚往來的問題小心算計，那摩擦就會明顯減少。錢真的可以解決很多問題，這也是為什麼前文我說女人一定要有錢，有錢才能在婆家挺起腰桿，有錢才能優雅自如的解決掉那些雞毛蒜皮的麻煩。

給公婆家花錢要掌握好一個原則：不該出的堅決不出，該出的一定不能寒酸。這其中有個道理和分寸，公婆是妳老公的爸媽，該孝敬的屬於情理之中，而大家庭裡面其他七大姑八大姨，大家就都是給個面子妳來我往而已，額外要求妳付出的不合情理就直接省略。凡是習慣向別人伸手的，往往會愈演愈烈，不要因為一開始覺得不好意思而到最後收不了場。而該孝敬老人的地方呢？千萬不要覺得心疼，給自己媽媽買件打折的衣服，她感受到的仍然是妳的心意，但如果給婆婆買件打折的衣服，人家就會嘀咕了：原來我只配穿打折貨。妳可以真心的把婆婆當成自己媽媽來對待，但也別忘了婆婆永遠成不了媽媽，不時站在局外人的角度上反思一下、衡量一下，千萬不要花了錢還惹人不高興。

另外，給公婆送錢、送禮品的時候、幫公婆工作的時候，一定要當著老公的面，男人都比較糊塗，妳一定要讓他親眼看到這些錢是怎麼花出去的、妳是怎麼孝敬他父母的，不然他就不知道妳為他父母做過什麼。同樣的給妳父母送錢、送禮品的時候，最好讓老公表現一下經他的手送出去，一來圓了他孝順的美名，二來帳目清楚免得有拿私房錢的嫌疑。

3．防患於未然

在決定進入婚姻之前，女人應該多方面、多管道的瞭解一下婆媳間容易出現的問題，自己心裡先有個底，別傻傻的一頭栽進去就任人宰割了。妳總有幾個比妳先結婚的閨中密友或者同學吧！就算沒有妳總看過描寫婆媳關係的小說、電視吧！就算沒看過妳也可以去論壇裡看一下吧！就算妳不上網妳總可以請教一下自己老媽吧！總之先把所有婆婆有可能折騰媳婦的招數都預習一遍，做到心中有數、應對有措，到時候才能兵來將擋、水來土掩。

當然，就這樣先入為主的把準婆婆想像成惡婆婆是有點不太厚道，但這只是為了制訂策略，如果這麼巧妳的婆婆是天上有地上無的超級溫柔好婆婆，妳再給自己洗腦不遲。

防患於未然的策略就是，利用聊家常的機會，給準婆婆灌點迷湯，話題的模式如下：

「我那朋友小雪，結婚後跟公婆一起住嘛，前陣子跟我訴苦，說是只要老公出差不回家，婆婆就只做點青菜，肉和蛋都不給她吃，她也不好單獨煮給自己吃。我簡直不敢相信啊！

都什麼年代了怎麼還有這樣苛待媳婦的婆婆，又不差那點伙食費。您說是不是？」，「我們公司木木真是好可憐哦，剛結婚就跟婆家鬧得不愉快，她婆婆怕他們小倆口亂花錢，非說要幫他們管理薪資。可能她婆婆也是好心，但人家小倆口過日子總不該管這麼寬的。木木還告誡我，我說我們ＸＸ的媽媽可開通、可民主了，才不會像妳婆婆那樣。」

4．指桑罵槐

提到指桑罵槐我都有點慚愧，好像有些教人學壞的意思，但是有人遇到好婆婆，就有人遇到惡婆婆，如果天下太平那當然是妳好、我好、大家好，可是如果整天被人冤枉、算計就是很痛苦的事情了。妳越軟弱人家欺負著就越是順手，倒不如拿出點狠勁、辣勁來，告訴對方妳不是病貓而是老虎，但是基本的禮貌又不能不要，那就只好指桑罵槐了。

如果鄰居或親戚家剛好有和妳類似的遭遇，不妨在婆婆面前裝作打抱不平的樣子評判一番，順便重點指出她也曾經對妳做過的事情，藉著指責別人的機會出口惡氣。或者給婆婆推薦一些以婆媳矛盾為主題的電視和小說，一邊看一邊就可以現場點評。只要有理有據，不是沒來由的人身攻擊，相信做婆婆的也不好直接給妳頂回去，日後也會稍微收斂一點。

這樣做還有個重要的前提就是：妳得是個好媳婦，讓婆婆挑不出妳確鑿的錯來。萬一彼此是妳做初一我做十五的類型，「指桑罵槐」這個方法就很容易演變成無休止高段位的口水大戰了。

5．借刀殺人

這招聽起來比較可怕，其實很簡單，只不過把妳不好出面、不好說的事情藉別人的嘴巴說出來，一來讓對方知道妳有自己的主意和看法，二來不會沒面子傷了表面上的和氣，誰讓中國人就是愛面子呢？偷偷吐血可以忍，沒了面子就是天大的事。藉誰的口？這是個問題，不能讓自己家人出面，顯得不夠客觀而且容易影響大家庭的安定團結，更不能讓老公出面，在對待婆媳的關係上，妳在老公面前表現的越天真越好，越無辜越好，越沒心計越好，一般男人就怕女人有思想，如果讓他知道妳花那麼多心思對付他的媽媽，妳的日子就不好過了。那麼最後能出面的，就剩下妳的好朋友了，設計個婆婆和朋友都在場的場合，當著婆婆的面讓女朋友訴說哪些行為是很討厭不能接受的，讓男性朋友訴說哪些行為會讓夾在中間的兒子非常為難。

6．讓男人當代罪羔羊

不論再怎麼樣，總有跟公婆相違背的時候，總有陽奉陰違的時候，總有犯錯的時候，這時候怎麼辦呢？妳自己站出來勇敢承擔？NO，正確的做法是把罪責推到男人身上，自己裝得越無奈越無辜越好，做父母的總是比較容易原諒和體諒自己的孩子，如果給他們造成一種假象是他們的兒子堅持如此，他們通常也就無計可施了。當然，想要這樣做提前就得把老公培訓合格，要諄諄教導他之所以這樣做是為了少讓他父母生氣，是為了維護大家庭的安定團結，犧牲他一個幸福一大家，要把他的地位和重要性捧得高高的，讓他心滿意足的去替妳堵槍眼，為妳拋頭顱灑熱血。當然妳自己也不能閒著，而是應該擺個高姿態在中間勸和，承諾下次一定聽從長輩的建議、一定不再犯同樣的錯誤。而實際上呢？以後的事情誰能保證，避過颱風口妳就悄悄得意去吧！

7．別指望男人去溝通

婆媳之間的問題，是媳婦跟婆婆溝通更好？還是讓老公跟婆婆溝通更好？大部分女人都認為讓老公跟婆婆溝通是比較明智的，畢竟人家是親密的母子倆，說起話來比較方便隨意，所以交流模式大都是正面消息由做媳婦的出面，負面消息由做兒子的出面，好豎立起媳婦賢慧懂事的形象。但是實行的效果如何呢？通常是稱讚的話一句都沒傳過去，牢騷的話一句都沒落下，想靠男人來平衡婆媳關係的下場就是越來越糟，誤會越來越多，直到無法控制。

為什麼會這樣呢？一是親疏有別，做媽媽的都有這樣一種思想，自己兒子是很好、很孝順、很聽話的，如果有什麼不滿、有什麼分歧那肯定就是做媳婦的給調教的。所以，發牢騷和有分歧的建議，即使是從老公那裡傳過去，婆婆也依然會認為那是媳婦的主意。二是男人的溝通能力實在是有限，並且他們永遠都意識不到自己在婆媳關係中佔了多麼重要的位置。雖然有婚戀專家研究說，絕大多數的婆媳矛盾都是因為中間的男人沒有溝通好，但是我要說的是：女人壓根就不該把調和婆媳矛盾的希望寄託在男人身上。男人天生不善於溝通、不善於交流，妳看看那些做售後的、做客服的男女比例就應該知道這一點，即使是面對自己的母親，他們的溝通技巧也依然是笨拙的，他不會瞭解女人細微的心思，他不知道哪句話該說、哪句話不該說，他不知道他說錯一句話會給妳帶來多大的麻煩。在男人的心裡，他的母親永遠是善良、寬容的，他永遠不會知道婆媳關係有多麼敏感。所以，不妨把中間這個男人放在一旁，媳婦和婆婆直接溝通吧！至少女人的思維方式和表達方式還是比較接近的，妳想要表達的意思也不會經由男人的嘴巴而變了形，也不會忽略或者誤會了婆婆的反應。也許一開始大家會有一點不適應，但時間久了妳會發現，這才是最高效、最準確的婆媳溝通方式。

8．有誤會即時澄清

人際關係裡有誤會是很正常的事情，有些誤會我們會解釋清楚，有些誤會如果涉及的不是重要的人、重要的事也就隨它去了。婆媳間的誤會是屬於必須即時澄清的類型，因為大家總是要見面、要交流的，如果任由誤會在中間隔閡著，就容易導致很多東西都跟著變了味，等到積怨太深，想解釋也無從解釋，想處理也無處下手了。

總而言之，懂得了以上幾點，也就有了和婆婆相處的定心丸，準備妥當，才能和婆婆好好過招，輕鬆贏得老人的心。

趙初有個很愛自己的老公，但有個很挑剔的婆婆。趙初和老公兩個人都是朝九晚五的上班族，平時的家務工作不多，也都是兩個人分配著做。新婚期間的男人都比較疼老婆，趙初的老公也是，經常在家人面前也表現的比較過火，不讓她做粗重工作，怕她燙著、摔著，趙初也喜歡不時的在老公懷裡撒撒嬌，小倆口其樂融融。不過當婆婆的漸漸看不下去了，嫌她家事做得不好，嫌她跟朋友玩得太多，嫌她對自己兒子照顧不夠，經常跟趙初說結婚了的女人應該如何如何，做人家媳婦應該如何如何，趙初一開始還試著解釋說兩個人工作都忙也沒太多家務，說他們有自己的生活方式，但每次都是話不投機不歡而散。

後來，趙初難免向朋友小朵抱怨。小朵是個厲害角色，又是做律師的，最喜歡幫朋友打抱不平，經常放在嘴邊的一句話就是：「我書不是白念的、嘴巴不是白練的。」於是趙初聽從了小朵的建議，在婆婆又一次蒞臨指導的時候通知了小朵，小朵飛速趕到趙初家，說自己來找趙初解解悶，然後開始大談她與準婆婆的爭鬥：「總聽趙初說您是多麼善解人意、多麼寬宏大量，我男友他媽媽才不像您呢！整天挑剔個沒完，看別人哪裡都不順眼。她那時候是什麼年代，現在是什麼年代，還總想用她那套規矩來壓我。問題是她再覺得我差勁，也擋不住她兒子就是覺得我好，又不是我非纏著他，是他死活都離不開我。而且她也不想想，自己兒子的條件，真跟我分手他也找不著比我更好的了，還整天找我碴，她老了之後還不指望著我們伺候呢！真聰明的話就該現在給自己多積點德，別這麼一直找麻煩，有本事她七老八十的時候再挑剔我試試。」小朵走後婆婆跟趙初說：「妳這個朋友夠厲害的呀！」趙初故意輕描淡寫的說：「她還好啦！有幾個朋友比她還厲害得多呢！現在的女孩，哪個不是家裡寵著長大又見多識廣的，認理不認人，誰受得了被人頤指氣使的窩囊氣呀！」她婆婆無語沉默了，後來果然就收斂了很多。

第二節 對朋友兩肋插刀？

孔子曾經說：「益者三友，損者三友。友直，友諒，友多聞，益矣；友便辟，友善柔，友便佞，損矣。」翻譯成白話就是：對自己有益的朋友有三種，對自己有害的朋友也有三種，所謂「益者三友」，第一，要為人真誠，坦蕩，剛正不阿，第二，要為人誠懇，有誠信，第三，要見聞廣博，見多識廣。而「損者三友」是指，第一，專門喜歡逢迎拍馬的人，沒有是非原則，第二，即所謂的「兩面派」，表面奉承而背後誹謗人的人，表裡不一，虛假偽善，第三，指花言巧語，誇誇其談的人，就像繡花的枕頭，外表光鮮，卻腹中空空。先來看看妳會是什麼樣的朋友吧！

某天，妳跟朋友正在喝下午茶，突然她叫了一聲：「啊！我忘了！」那麼妳第一反應她是忘了什麼呢？

A．忘了帶錢出來

B．忘了與別人有約

C．忘了要辦某事

D．忘了想說什麼話

測試結果：

A．妳樂觀爽朗，給人明亮的感覺，能夠鼓舞朋友。

B．妳隨和有趣，樂於和所有人交朋友，不會看不起別人，人緣很不錯。

C．妳十分關心他人，只要是認識的人，不論相識多久，妳都會真誠地提出建議和幫助。

D．妳重視友情，又十分體貼，有為朋友兩肋插刀的氣魄，因此很容易贏得對方深刻的友誼。

我們平日裡說的朋友，既有閨中密友和一起長大的朋友，也有同學和同事，還包括旅遊時認識的人、餐桌上認識的人、業務上認識的人，或者是網路上認識的人，為了方便，我們習慣把他們都稱之為「朋友」，但是交情深淺大家心知肚明，對於不同程度的朋友，當然也要採用不同的交往方式。對於那些危難時可以互相扶助、快樂時可以共同分享的真正的朋友，要捨得花時間和心力去維持、去保護，遇到值得深交的朋友，就得拿出點氣沖雲霄的豪邁氣概來。

1．對朋友以誠相待

對待朋友，最基本的一個字就是「誠」，友情是最純潔、最樸實、最高尚又最平凡的感情，我們可能一輩子都找不到相伴終生的情人，卻不能沒有朋友，朋友可以給我們帶來陰霾中的陽光，落寞時的希望。對於這樣的朋友，應該以誠相待，容不得欺騙和隱瞞。

以誠相待就是接受對方的缺點，但是可以中肯的指出。每個人都是有缺點的，有些缺點無傷大雅，有些缺點卻可能成為人生道路上的絆腳石。對於彼此認可的朋友，不能因為這些缺點而否認他、諷刺他，但也不能裝作視而不見，而是應該中肯的指出來，提醒他注意。

以誠相待就是肯定對方的才能，為他的成功喝采。酸葡萄心理可以用在同事或泛泛之交上，但對於真正的好朋友，相信妳會為他的成功而興奮的，不論是升職了還是加薪了，不論是戀愛了還是結婚了，不嫉妒、不失衡，看到對方幸福，就好像自己也得到幸福一樣快樂。

以誠相待就是不在背後說朋友的壞話。關於朋友最傷心的經歷莫過於從其他人口中得知好朋友對自己的負面評價，這會讓人產生一種類似被欺騙、被背叛的感覺。背後莫論人非，尤其是對自己的朋友。有任何意見和看法可以當面交流，要的就是個坦誠，如果當面說不出來的，就別當回事或者乾脆忘掉吧！

以誠相待還表現在當朋友徵求妳的意見時說實話。別人徵求妳的意見，是對妳的信任和重視，對其他人還可以打打太極或者恭維吹捧，對朋友則不必，大家聽的假話已經夠多了，當然希望從朋友那裡得到真實的資訊。如果朋友想跳槽問妳看法，如果朋友在談戀愛跟妳探討，如果朋友有苦悶要向妳傾訴，請設身處地的為朋友考慮，並且坦誠的說出妳的觀點，這會成為對方一個重要的參考因素，即使他最後不採納妳的意見，他心裡也會有個公平的秤。

2．朋友有難，拔刀相助

為朋友兩肋插刀一向是備受江湖兒女推崇的，這個方面不可否認男人比女人做的更好，女人之間的感情偏冷淡、細膩，所以處理的方式往往也更柔和，但要想做個狠辣的女人，一點點的江湖氣會讓妳更加受到朋友的歡迎和擁戴。朋友的功能不只是快樂時的分享，寂寞時的陪伴，更是痛苦、困難時候的分擔，只要在自己的能力範圍之內，只要不違背道德和法律，只要不會劇烈的影響到自己的生活，該幫的就一定要幫，這不只是妳對友情的鄭重承諾，也是維持友情的必要方法。況且風水輪流轉，誰都會有跨不過去的關卡，今天妳幫了別人，明天別人也才會幫助妳，任何感情都不是只收穫不付出就能得到的。

當然，承諾這個詞很重，如果朋友要求妳做的事情確實有一定的困難，或者確實不是妳能夠做到的，不妨如實地向朋友解釋，如果對方確實拿妳當朋友而不僅僅是利用的工具，他會理解妳的苦衷。或者聯繫更多的朋友，人多力量大，充分利用彼此的資源，解決當下的難題。

3．對朋友的錯誤和缺點，毫不留情的指出

只能同富貴不能共患難的不是真正的朋友，同樣，如果彼此的關係只停留在互相吹捧和奉承上，那也算不得真正的朋友。真正的朋友，應該是彼此的鏡子，照出最真實的模樣，看到對方的優點也看到對方的缺點，看到對方的成就也看到對方的錯誤，並且在交往過程中盡量讓彼此都更加成熟和完美。這就需要妳在肯定對方進步的同時，也誠懇客觀地指出對方的錯誤和缺點，這才是真正對朋友負責的態度，而不是無論什麼都說好、好、好，不是縱容他的壞習慣，不是用讚揚迷糊了他的心智。人心是桿秤，其實誰都不比誰傻，哪個是真心為自己好，哪個只是表面吹噓應付，時間久了大家心裡都有數，即使他改正不了，他也會領妳的情。

4．朋友如果遇人不淑，要狠狠的點醒她

誰都有看人看走眼的時候，有時是因為被可能的巨大利益沖昏了頭，有時是因為被感情矇蔽了眼睛，有時是被人故意的欺騙，很難避免，但是當局者迷，旁觀者清，如果妳看清了其中的端倪，如果妳恰好知道底細，就應該把朋友從迷潭中拯救出來，如果她執迷不悟，就需要妳狠狠的點醒她，當頭澆一盆冷水下來，當時也許會很失望、很痛苦，但長痛不如短痛，在投入不深的時候退出損失是最小的，不論感情還是金錢，都是如此。

5．少計較得失

阿拉伯傳說中有這麼一個故事：有兩個朋友在沙漠中旅行，在旅途中他們吵架了，一個盛怒之下給了另外一個一記耳光。被打的覺得受辱，一言不發，在沙子上寫下「今天我的好朋友打了我一巴掌」這句話。他們繼續往前走，經過艱苦跋涉終於踏上了綠洲，看到了清澈的河水。被打的那個人不小心掉進了河裡，另一個費了九牛二虎之力才把他救起，被救起後他拿了一把劍在石頭上刻下「今天我的好朋友救了我一命」幾個字。朋友不解：「為什麼我打了你，你要寫在沙子上，而我救了你，你卻要刻在石頭上呢？」他笑笑說：「把朋友的傷害寫在沙子上，風會很快抹平它，把朋友的幫助刻在石頭上，可以經得起滄海桑田。」

我們往往會陷入這樣一個迷思，對於親人和朋友的付出少了感激多了淡然，認為是理所當然的，對於他們的過失卻積怨於心不能寬容，認為「你怎麼可以這樣對我」。其實親人和朋友是對我們更重要的人，為什麼反而不能更理解和寬容呢？朋友的相處傷害往往是無心的，幫助卻是真心的，忘記那些無心的傷害，銘記那些對妳真心幫助，少計較一點彼此的得失，妳才會在朋友的交往中感受到更多溫暖和輕鬆。

6．求同存異不苛求

朋友之所以能成為朋友，要嘛是有很深的感情基礎，要嘛是志同道合，能夠讓彼此互相接受、互相欣賞，但即使如此，朋友之間也不可能永遠沒有矛盾和衝突。世上沒有完全相同的兩片葉子，也沒有完全相同的兩個人，朋友間的誤會和分歧是不可避免的，這個時候沒有必要非得爭出個誰對誰錯，沒必要非得讓對方認可妳的看法和觀點，「求同存異」是最好的處理方法。

7．在朋友需要的時候陪著他

再強悍的人都有虛弱的時候，再獨立的人也有害怕孤單的時候。當我們遭遇挫折和失敗，第一個想到的往往不是父母或者情人，而是朋友。因為我們害怕自己的挫折和失敗會讓父母、情人感到困擾和擔心，只有朋友是妳可以傾訴的對象，他們會疏導妳的情緒、排解妳的孤獨、幫妳想辦法找出路，又不會增加妳的心理壓力。推己及人，妳也應該在朋友需要的時候出現在她身邊，如果她愛鬧，妳就陪她去K歌、喝酒、跳舞，如果她愛靜，妳就陪她在咖啡館、在書店坐坐，耐心的勸慰、開導，或者是哪怕什麼都不做，只是靜靜的在她身邊，讓他知道自己不孤單，這樣就好。只要記住，如果妳堅強而果決，那麼妳的存在就已經給了她足夠的信心。

琪琪和方青是很多年的好友了，大學時住同一個宿舍，畢業之後留在同一個城市，經常一起吃飯、逛街、看電影，頗有點親姐妹的感覺，哪個交了新的男朋友也會帶給對方審查一下，工作、生活有什麼問題都會互相商量著。

琪琪單身已經一年多了，有一次旅行時被偷了錢包，身分證、信用卡、現金全都沒有了，正一籌莫展的時候，有個男人熱心的站出來幫她報警、送她回家。然後慢慢的，兩個人就越聊越投機漸漸親密起來。沒多久，琪琪就帶著這個男人約了方青一起吃飯，順便彙報自己的新戀情。方青是做廣告宣傳的，平時需要和很多人打交道，也就練就了一雙火眼金睛，一頓飯吃下來覺得這個男人並不像琪琪之前說的那麼踏實、穩重，眼神總有點色瞇瞇、有點游離，談話也偏於浮躁，並且不願意談論自己的家人和朋友，連工作等情況都是閃爍其詞。於是私底下就提醒琪琪多注意點，盡量多瞭解一下他的實際情況，別什麼都不清楚就把自己給交出去，可是琪琪正在熱戀，什麼都聽不進去。

大概一個多月以後，方青去一家公司談論廣告事宜，在走廊裡恰好遇到了那個男人，就互相打了個招呼，而那個男人的眼神明顯的慌亂閃爍了一下。於是方青心裡感覺更不對勁，談完業務就把負責人約出去喝咖啡，裝作不經意的打聽起了那個男人的情況。真是不問不知道，一問嚇一跳，這個男人原來是有女朋友的，是公司同事，已經交往了好幾年。回去後方青立刻約了琪琪要告訴她真相，琪琪很傷心但又不願意相信，說：「方青妳是不是認錯人了，也許他早就分手了只是同事不知道呢！他不可能騙我的呀！」方青知道琪琪的優柔寡斷，第二天沒下班就死拉著琪琪一起去那家公司大樓門口守株待兔，果然被她們看到那個男人摟著一個女人的肩膀走出來，很親密的樣子。琪琪當場就哭了，卻躲在柱子後面不敢出去當面質問他，只是緊緊抓著方青的手問：「他怎麼能這樣對我？他為什麼要騙我？我該怎麼辦呀？」方青簡直恨鐵不成鋼，說：「這話妳應該剛才就衝出去問他呀！讓他知道欺騙別人感情的下場！見了面直接狠狠甩他一耳光，妳如果下不了手，我替妳出氣！」說完便拉著琪琪衝了出去。就這樣，方青用一巴掌結束了琪琪短暫的戀情，但也讓琪琪看清了那個男人的怯弱與猥瑣。

對我們來說，真正的朋友是人生裡的一大財富，而損友則可能成為妳前進路上的絆腳石和陷阱，所以對待真正的朋友要下狠力氣去維護，對待損友則要像秋風掃落葉一樣無情。對於那些泛泛之交，或者酒肉朋友和損友，則需要保持一個合適的距離，不要讓他們的事情影響到自己的正常生活，畢竟時間要花在更重要、更有意義的事情上才值得，同時也不要被他們的壞習氣給感染了，最關鍵的一點就是懂得說「不」，要夠狠、夠辣。

1．堅定的拒絕

如果這些朋友提出超出妳們友情深度或者妳的能力的要求，要學會堅定的拒絕，不要把彼此的面子看得太重。如果妳們並不是太熟，而他找妳借錢，說不，因為他放棄身邊更親密的家人和朋友而借到妳頭上，多數是因為周圍的人已經都被他借過並且不還。如果妳並沒有對他表示特別的關心和在意，而他向妳訴說自己失敗的感情和婚姻，希望妳成為他的紅顏知己，說不，因為這樣的人多數只是拿感情當一場玩過就算了的遊戲。如果妳們緣僅幾面，而他拉攏妳為他投資或者合夥，要忘記任何交情，單純從投資和合夥人的角度去考察，因為他也許僅僅是拿妳當周轉站或者提款機。

2．狠辣的抨擊

毫無疑問有部分人就是喜歡八卦別人的私生活，如果妳不小心結交了他們，那麼關於妳的好的壞的真的假的，所有捕風捉影的消息就會迅速流傳在外，不要被這種人表面的關心給矇蔽了，他們的所謂關心其實是為了滿足自己可憐的窺探慾，不然他從哪裡找到話題，又如何吸引聽眾呢？對付這種人，完全可以把新仇舊恨、所有的無名火都發到他們身上，不必講究措辭了，該說的、該罵的完全隨妳高興就好了，因為傳謠言的人自己理虧，必定不敢與妳正面交鋒，而且不用顧及什麼交情，以後也盡量不用再來往。最後再放句狠話：「如果哪天被我知道妳又偷偷傳我什麼謠言，別怪我今天沒警告妳。」

3．曝光他們的無恥伎倆

有些人總吃悶虧，心裡想的是算了吃一次虧認清一個人也值得，沒必要跟他計較，大不了以後不來往了，又覺得自己這麼聰明靈巧的人被人騙了終究不是件太光彩的事情，為了維持自己的形象就打掉牙齒和血吞吧！殊不知這樣做反而就助長了他們的氣焰，他們為了掩飾自己的所作所為說不定會編造謠言把妳牽扯進去，他們還會繼續的利用和欺騙其他人，妳的隱忍和沉默反而成了他們的幫兇。對付這樣的人，要做的就是把他的無恥伎倆曝光，讓周圍的人都知道他們的真面目，進而有所戒備和警覺，讓他們再也不能得逞。譬如說有人借錢不還，一邊要堅持不懈的追他還債，一邊要告訴自己的朋友千萬不要借錢給他；譬如說有人熱衷於參加聚會但從來不做東，或者大家各付各的時他就不見了人影，那麼也要提醒朋友們注意，以後就不再帶他出來玩。

總而言之，該狠心的時候一定要狠心，否則姑息養奸，最後被咬一口最傷、最痛的那個只能是妳。對那些根本稱不上是朋友的人，非得速速打出他們的本來面目才行。

結語

這個社會對男人的包容程度越來越高，風流、外遇、軟弱，似乎都在「男人壓力大」的旗號下變得越來越可以原諒，而對女人，卻是要求越來越高，容貌要漂亮、身材要正點、舉止要得當、學歷越高越好、薪水越多越好……彷彿做不到這些就不配擁有幸福。姑且不說要求女人做到這些是不是有點過分，就說有這樣的女人，到頭來會便宜了誰呢？女人之間的競爭，得利的卻是那些男人們。

所以，再也不要按照男人制訂的標準去生活了，什麼溫柔、什麼賢慧、什麼隱忍，真正做到這些的女人說不定正獨守空閨等待那個總是不回家的男人，真正做到這些的女人說不定為家庭付出了所有還受著不公平的待遇，真正做到這些的女人說不定哪天就被追求新鮮的男人像對待一塊抹布一樣被丟棄。我們要看起來漂亮，不只是為了滿足男人的視覺欲望，而是享受做女人的美麗；我們要活得漂亮，不只是為了躲在男人身後做一個唯唯諾諾的小妻子，而是大膽爭取自己想要的幸福。

我們狠，擁有堅定的意志和強大的內心，但是依然善良正直。

我們辣，擁有耀眼的外表和鋒利的言辭，但是依然優雅從容。

我們會鬧、會撒嬌，但也會冷漠、會狠辣，這不只是為了得到男人的寵愛，更是為了把他們捏在手心裡。

國家圖書館出版品預行編目資料

女人！柔弱OUT，狠辣IN／周雅若著.
－－第一版－－臺北市：知青頻道出版；
紅螞蟻圖書發行，2012.6
面　公分－－
ISBN 978-986-6030-28-4（平裝）

1.兩性關係 2.女性 3.生活指導

544.7　　101010598

女人！柔弱OUT，狠辣IN

作　　者／周雅若
校　　對／周英嬌、楊安妮
發 行 人／賴秀珍
榮譽總監／張錦基
總 編 輯／何南輝
出　　版／知青頻道出版有限公司
發　　行／紅螞蟻圖書有限公司
地　　址／台北市內湖區舊宗路二段121巷28號4F
網　　站／www.e-redant.com
郵撥帳號／1604621-1　紅螞蟻圖書有限公司
電　　話／(02)2795-3656（代表號）
傳　　真／(02)2795-4100
登 記 證／局版北市業字第796號
法律顧問／許晏賓律師
印 刷 廠／卡樂彩色製版印刷有限公司
出版日期／2012年 6月　第一版第一刷

定價 240 元　港幣 80 元

ISBN 978-986-6030-28-4　　Printed in Taiwan